龙驭球传

袁驷　雷钟和　主编

清华大学出版社
北京

内容简介

本书讲述龙驭球院士九十三年来的经历和他在力学领域的重大贡献，分三部分：

（1）抗日战争时期艰辛奔波的求学历程，毕业留校执教数十年的经历，对恩师的回忆和感恩。

（2）胸怀强国梦，执着探索、攻坚克难，在结构力学教学和教材创新、发展壳体理论、开辟有限元法新领域均取得丰硕成果，以上三方面均获国家级科技奖励，并多次获其他各种奖项。

（3）主编《工程力学》期刊、主持高校结构力学课程指导小组多年，发起成立全国结构工程专业委员会并任主任委员，推动了全国性学术交流，培养了大量优秀人才。他的众多弟子已成为杰出学术骨干，师生关系融洽。业余时间喜作诗词，以抒胸怀。

图书在版编目（CIP）数据

龙驭球传 / 袁驷，雷钟和主编. — 北京：清华大学出版社，2019（2019.11重印）
ISBN 978-7-302-52135-8

Ⅰ. ①龙… Ⅱ. ①袁… ②雷… Ⅲ. ①龙驭球－传记 Ⅳ. ①K825.46

中国版本图书馆CIP数据核字（2019）第010571号

责任编辑： 秦 娜
封面设计： 陈国熙
责任校对： 赵丽敏
责任印制： 杨 艳

出版发行： 清华大学出版社
网 址： http://www.tup.com.cn, http://www.wqbook.com
地 址： 北京清华大学学研大厦A座 **邮 编：** 100084
社 总 机： 010-62770175 **邮 购：** 010-62786544
投稿与读者服务： 010-62776969, c-service@tup.tsinghua.edu.cn
质量反馈： 010-62772015, zhiliang@tup.tsinghua.edu.cn
印 装 者： 三河市春园印刷有限公司
经 销： 全国新华书店
开 本： 165mm×240mm **印 张：** 15.75 **字 数：** 172千字
版 次： 2019年6月第1版 **印 次：** 2019年11月第3次印刷
定 价： 128.00元

产品编号：082117-02

照片左起依次为：傅向荣，岑松，崔京浩，包世华，龙驭球，袁驷，雷钟和，张铜生，方东平

自序

回顾成长经历，想起几点难忘情景：

• 初进大学时，遍地烽火、满腔悲愤、跋山涉水

初中一年级到大学二年级初，是在抗战烽火中度过的，幼小的心灵早就经历了日寇的欺凌和亡国的威胁。读中学时，经常要跑警报，在防空洞里默默思考“救亡”的严峻问题。1944年秋考取唐山交通大学，当时学校早已被迫由唐山迁到贵州平越。入学不久，日寇逼近，学校被迫再次迁移。我们三五结伴，背负行李，胸怀悲愤。渡乌江，过遵义，登娄山关，经重庆，最后在四川璧山的破庙里复课。走了两个多月，长了一身脓疮。身上是疮疤累累，山河是满目疮痍。这是毕生难忘的一课，它在我心底深深地刻下四个字：雪耻救国。这是我毕生的誓言、使命和天职。

•“文革”之后，科研攻坚、自信自强、赶超世界

要把十年折腾掉的时间找回来。在有限元法科研中，抓住学科难题，融汇中西智慧，加速追赶步伐，力图后来居上。四十多年里攻坚克难，朝思暮想。欲罢不能，如醉如狂。创立五类新元系列，包括116个高性能单元。后来真是碰巧，于88岁生日时（2014年1月）双喜临门，喜获国家自然科学二等奖。两点收获：出版五书（包括一本英文专著），向世界贡献中华智慧；突围四次，开辟出一片新天地。两点感悟：得道自然多助，后来理应居上。

• 54 年，10 轮书稿、不断翻新、提升境界

《结构力学》系列教材，在 1966—2019 年，与团队长期亲密合作，前后出版了 10 轮（修订了 9 次），累计出书 19 卷（戏称 9 改 10 轮 19 卷）。回想起来，这是我经历时间最长、心血花得最多、心里感到最得意的一套“三最”作品。54 年间，牢记要在教学、科研、哲理三方面提升境界、齐头并进：教学上出精品，科研上有原创，方法上论道。写教材的目的是传道育人，桃李芬芳是对教师的最高荣誉。全国有近三百所高校、五十多届学生选用这套书作为教材，被誉为“学生喜读，教师爱教”“我国当今结构力学教材中影响最为广泛的经典之作”，五次获得全国优秀教材奖，1999 年还获得国家科技进步二等奖。

几点工作心得：

教学科研要互哺，
中西智慧要互补。
后来居上要自信，
写书有味要自赏。

两声喟叹：

教材十轮兮头飞雪！
薪材三尺兮火长明！

龙驭球

序

龙驭球院士是土木工程和结构力学领域的一代名师，在结构力学、壳体结构和有限元法三个学科领域成果丰硕，为土木工程学科的发展做出了重大贡献。正可谓“胸怀科教强国梦，耐烦霸蛮摘三星”。

我 1993 年进入龙先生所在的清华大学土木系结构力学教研组做博士后，第一次见到龙先生时，他正在一张乒乓球台上伏案写作，慈祥的微笑是先生留给我的最初印象。后来慢慢知道，这张乒乓球台也是龙先生工作之余的最爱，他的球艺之精湛有许多传说，我都深信不疑，因为直到先生收拍，我从来没有赢过他。

高山仰止，景行行止。有人说，这个世界上本没有镜子，是因为有先行者在前方走，走着、走着，化作一泓清泉，后学者弯身行礼，方能映照出自己和天地。这本传记让我们有机会追寻龙先生求学的脚步、体会他科教强国的情怀、品味他教书育人的乐趣，从龙先生厚重的人生中汲取营养，走出一片自己的天地。

本书第一篇包含三章，分别是三个时期的三段剪影。第一章是故乡剪影“走出故乡长相忆”——讲述故乡风物以及迁居北京后的乡愁。第二章是求学剪影“三校奔波求学路”——讲述龙先生在抗日烽火中，渡乌江、过遵义、登娄山关、经重庆、抵四川壁山的跋山涉水；刻画出在国破山河碎的情境下的千里奔走，在“雪耻救国”誓言下的满腔悲愤。第三章是杏坛剪影“清华园里老园丁”——讲述龙先生留校执教后，壮志凌云的气盛“翻山”，“文革”时期的负重“耐烦”，以及老骥千里的登高“霸蛮”。

本书第二篇概括了龙先生的“教材提升三境界”说，具体包括：“教学上出精品”——教材锤炼不厌精；“科研上有原创”——科研创新常思进；“方法上论道”——读博培根、读薄求精、读破求新。龙先生的“教材三境界”同样适用于学术科研和做人做事。

本书第三篇展现了龙先生为人师表的风范。云山苍苍，江水泱泱，先生之风，山高水长。龙先生的杏坛人生生动诠释了“师者，所以传道授业解惑也”的内涵。

龙驭球先生曾在“心中的双星座”一文中怀念乃师陆士嘉先生和张维先生，文中写道：“小时候就听到一种传说：世界上每一个人都在天上有一颗自己的星。我不知道我那颗星在哪里，但我深信天上确实有一个双星座，因为几十年来它们一直闪烁在我心里。”对我们来说，龙驭球先生也是天上耀眼的星，闪烁在我们心里，点燃我们求知的热情；闪烁在我们头顶，照耀我们一路前行。

清华大学土木水利学院党委书记

方东平

导言

龙驭球院士是我国著名的土木工程和结构力学专家。1926年1月15日出生于湖南安化梅城镇，汉族，中共党员。1948年毕业于清华大学土木工程系。半工半读念研究生一年后，留校工作至今。1978年任教授，1984年任博士生导师，1995年当选为中国工程院院士。2018年光荣离休。

半个多世纪以来，龙先生为实现科教强国心愿而奋力拼搏。在下面三个学科领域取得了丰硕成果：

在结构力学方面——出版了我国最有影响的经典教材，5次荣获全国优秀教材奖。这些教材既是精益求精、育人半个世纪的教学精品，又是荣获1999年国家科技进步奖的科研著作。长期主持全国结构力学课程指导委员会工作，被公认为全国结构力学学术带头人之一。

在壳体结构方面——创立了壳体结构新算法，两次参加制定薄壳设计规程，以科研成果提升设计水平。

在有限元法方面——创立了两项新型能量原理和五个新型有限元系列（含116个新单元），开拓学科新领域，让国际学术界听到中国声音，分享中华智慧。

龙先生先后出版专著、教材28部，参与编纂手册、辞典、设计规程3部。应清华大学出版社和德国Springer出版社联合邀请，于2009年出版了英文专著 *Advanced Finite Element Method in Structural Engineering*，系统介绍了中国学者在有限元领域的原创成果。曾发表学术论文 260 余篇，为 30 多个国家学者广泛引用和应用。

龙先生共荣获国家级奖和省部级奖 24 项（参见附录 4）：在科研方面获国家科技进步二等奖（1999 年）、第三届中国工程科技奖（2000 年）和国家自然科学二等奖（2013 年），还有省部级科研奖多项；在教学方面获国家级教学成果一等奖（2001 年）、国家精品课程奖（2003 年）和国家级教学团队奖（2005 年），还获全国高校优秀教材奖 5 项（1988 年、1992 年、1998 年、2002 年、2007 年）。此外，他指导的博士生岑松获得 2002 年全国优秀博士论文奖。

龙先生担任多种期刊和学会工作。历任：《应用数学和力学》（1979— ）编委，《计算结构力学及其应用》（1983—1996 年）副主编，中国土木工程学会第四届理事（1984—1988 年），《力学学报》（1985—1993 年）第四、五届编委，《结构工程学报》（1989—1991 年）主编，《工程力学》（1991—1999 年）主编，《工程力学》（1999—2011 年）名誉主编，首届国际结构工程会议主席（1999 年），第六届世界计算力学大会科学顾问委员会委员（2004 年），第一届至第十四届全国结构工程学术会议学术委员会主席（1991—2005 年）。现任：国际期刊 *Advances in Structural Engineering* 编委（1997— ），国际期刊 *International Journal of Structural Stability and Dynamics* 编委（2001— ），中国力学学会第九届与第十届理事会名誉理事及荣誉会员。

本传分为三篇。

第一篇的主旨是凝望——凝望三段历史剪影：

故乡记忆的魂牵梦影（第一章），

求学生涯的奔波身影（第二章），

杏坛岁月的耕耘背影（第三章）。

第二篇的主旨是践行——践行科教强国心愿：

半纪教材成经典（第四章），

壳体设计定新规（第五章），

中华智慧造新元（第六章）。

第三篇的主旨是品味——品味教书育人乐趣：

搭台培育俊彦（第七章），

师生情谊绵绵（第八章），

诗意心灵家园（第九章）。

凝望、践行、品味——书中三曲。

参加本书编写工作的还有：崔京浩、包世华、张铜生、岑松、傅向荣、叶康生。

目录

目录

第一篇

人生剪影

——故乡、求学、老园丁

引　言

龙驭球院士，1926 年出生于湖南安化梅城镇。安化多山，交通闭塞，古属梅山地区。山里人祖祖辈辈在山沟里转来转去，看不到山外的世界。

全国抗日战争爆发后，特别是长沙被日寇占领之后，梅山地区的闭塞被打破。1944 年龙驭球在烽火中告别家乡到贵州就读唐山交通大学，成为从梅山走出来的大学生。此后，于 1978 年成为清华大学土木系教授（图 0-1（a）），1995 年当选为中国工程院院士（图 0-1（b）），成为从梅山走出来的教授、院士。

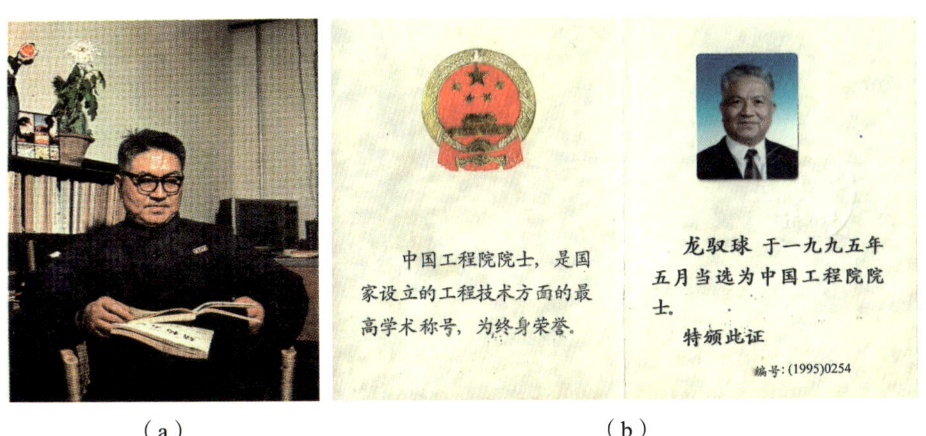

（a）　　　　　　　　（b）

图 0-1　从梅山走出来的教授、院士

（a）清华大学教授（1978 年）；（b）中国工程院院士（1995 年）

山区人民从小就爬山、翻山，既锻炼出了一身翻山本领，也养成了一种翻山精神：湖南土语叫“耐烦”（有一股“不怕麻烦”的韧劲），和“霸蛮”（有一股“永不言败”的蛮劲）。

翻山本领还可以加以引申，如写教材要能够翻出新境界，做科研要能够翻出新蹊径和新领域。

龙驭球从梅山走出来，与山有缘。有人问他家的电话号码时，他会把最后四个号码“4398”说成“是山就爬”。同乡老友盛禹九也亲切地戏称他为“梅山院士”。有人诙谐地用三句话描述他的个性：爱好是“翻山”，功夫是“耐烦”，绝招是“霸蛮”。

本书第一篇包含三章，分别给出三个时期的三段剪影。

第一章是故乡剪影“走出故乡长相忆”（图 0-2）——讲述故乡的亲人、风景和文物典故，迁居北京后的思念、萦绕心头的乡愁，以及对中学老师的回忆和感恩。

（a）

（b）

图 0-2　故乡景色——洢水拖蓝
（a）便桥；（b）东华观（左）与风雨桥（右）

第二章是求学剪影“三校奔波求学路”——讲述在三所大学（唐山交大、西南联大、清华大学）就读时的动荡经历和对师长的怀念。

第三章是杏坛剪影“清华园里老园丁”——讲述毕业后留校执教几十年的崎岖经历，包括青春岁月的气盛“翻山”，“文革”时期的负重“耐烦”，耄耋老年的攀越“霸蛮”。

第一章　走出故乡长相忆

一、梅城老屋忆亲人

龙驭球的祖辈世居湖南安化梅城镇。曾祖父龙海帆在镇上经营一个自产自销的糕点铺，店名“龙益盛”。

祖父龙知德是一位私塾教师。父亲龙云辂，母亲谭富金。父亲从小跟随祖父读书，写得一手好字，常为乡亲写对联和招牌，长期在乡镇从事文秘工作。曾代表“龙益盛”商铺参加安化县商会，并担任过一届商会负责人。

步入耄耋之年，龙驭球思亲情绪渐浓。经常闪现在脑海和梦乡的是母亲慈爱的笑容，以及祖父沉醉的哦吟。有时不免发出一声无奈的叹息：“连一张相片都没有留下，母亲的笑容也越来越模糊了。”幸好，哥哥和两个妹妹的相片还在，其中蕴含着难忘的手足情意。

龙驭球比哥哥龙震球只小一岁半，他们从小就由祖父领着，一起学作对联，读唐诗，临习颜鲁公字帖，兄弟俩手牵着手，形影不离。等到哥哥要上小学一年级的时候，弟弟也吵着要一同去上学。结果既有点出人意料，又着实令人皆大欢喜——父母和学校居然也都答应了。

于是，从小学入学一直到初中毕业，龙震球就身兼两任：既是弟弟的“同班同学”,又是“贴身的保护伞”。后来兄弟俩都五十多岁了,哥哥在成都铁路局任高级工程师。弟弟出差到哥哥家小住时,哥哥还按照老习惯替弟弟端洗脚水,弟弟也心安理得地让哥哥履行“保护伞”的职责,重温一段如梦如幻的幼年甜蜜生活。图 1-1 是哥哥龙震球和嫂嫂谭恩菊的合影。

由于经济原因,龙驭球的两个妹妹小学毕业后没有去上中学,而是改上减免学费的师范学校。大妹龙国卿于师范学校毕业后在湖南省农业厅当职员。因工作勤恳出色,按照“调干生”的培养方式由工作单位选派到大学去深造学习。大学毕业后仍回农业厅工作。图 1-2 是龙驭球同大妹龙国卿、大妹夫喻翊强的合影。

小妹龙名卿在湖南第五师范学校毕业后,考取哈尔滨俄文专科

图 1-1 龙震球(哥哥)和谭恩菊(嫂嫂)2002 年 7 月于成都

图 1-2 大妹(中)与大妹夫(右)

大学，享受公费待遇。毕业后在北京石油大学和北京化工大学任外语教师。图 1-3 是兄妹等合影。

1995 年 5 月龙驭球当选为中国工程院院士。喜讯传到哥哥和妹妹那里，兄妹三人联袂吟诗祝贺，诗曰：

闻喜讯——喜闻老二当选为院士

淡泊三湘客，清华五十秋。
身心系学府，桃李满神州。
院士多良骥，儒林一老牛。
兄妹闻喜讯，热泪满眶流。

震球　国卿　名卿同贺　1995 年 6 月

图 1-3　小妹龙名卿（前排左）与小妹夫曹杰（后排右），龙驭球、黄克慧夫妇（前排中和右），以及黄克慧的小妹黄克南（后排左）与小妹夫孟昭勇（后排中）

这是手足亲情与家国情怀的结晶，是四位老人在壮美晚霞中的吟唱和聆听。

二、久居北京起乡愁

1946年，龙驭球从西南联大回到北京，在清华大学继续学习。大学毕业后以半工半读的方式攻读研究生一年，然后留校工作至今。长居北京，从成家立业、工作拼搏，到育子娱孙、老年祝寿，弹指间已经七十多个春秋了。下面几张照片是这段岁月留下的依稀痕迹。

1954年龙驭球与黄克慧结婚，终身相伴。图1-4是他俩结婚多年后的合影。

图1-4 龙驭球、黄克慧伉俪

黄克慧，1954年毕业于北京农业大学植物保护系。毕业后在北京农业研究所从事蔬菜病虫害研究，特别对白菜病害研究颇深，出版过《白菜病害及其防治》的科普读物，家人戏称她为“白菜大夫”。

龙名卿、黄克慧分别是龙驭球、黄克智的妹妹。她们同时于1950年来北京参加高考，寄居于清华大学，并组成伴读小组，复习功课，由龙驭球进行业余辅导。黄克慧考取北京农业大学后，虽然身离清华园，却把情感留在了这里。经过四年的情感培育，她与龙驭球终于喜结良缘，成为终生相濡以沫的伴侣。图1-5是他们俩合抱着孙女龙吟一起嬉笑。

图1-5　祖孙嬉笑图

他们是龙驭球八十华诞庆贺会上（图1-6）的一对寿星。2014年1月15日，全家为寿星龙先生举行米寿家宴。巧合的是5天前（1月10日），在北京人民大会堂召开的2013年度国家科学技术奖励大会上，龙驭球科研团队（包括龙驭球、岑松、龙志飞、傅向荣、陈晓明五位主要成员）获得国家自然科学奖。新颁发的大红奖状好像是特意赶来祝寿似的，为家宴增添了浓浓的喜庆气氛。龙驭球、龙志飞父子俩手捧大红奖状一起合影（图1-7），之后全家三代手捧大红奖状照了一张全家福（图1-8）。

图 1-6　龙驭球八十华诞庆贺会

图 1-7　龙驭球、龙志飞父子俩获奖后的合影

图 1-8　捧奖的全家福

前排是龙驭球、黄克慧夫妇（第一代），后排右边是龙志飞、杨嘉丽夫妇（第二代），后排左边是龙吟、张岳夫妇（第三代）。儿子龙志飞是中国矿业大学（北京）工程力学系教授，儿媳杨嘉丽是国家体育总局经济司巡视员兼副司长，孙女龙吟是 IT 公司业务助理，孙女婿张岳是文化传播公司制作经理。

图 1-9　抱在怀里的第四代

在图 1-8 中还藏着两点小秘密：第一点，表面上看，图中只有三代人，实际上第四代（小名双双）已经藏在妈妈肚子里了，在图 1-9 中，双双已经被太爷抱在怀中了。第二点，表面上看，图中只有一本获奖证书，实际上，它代表着全家的两本获奖证书（国家自然科学奖和第四代小双双）。

龙驭球长住北京，对故乡的思念之情与日俱增，想念最多的有三个方面。

第一，想念故乡的风景文物，主要是下列四景：

- 浬水拖蓝（图 0-2）——

  一条清澈浬水，拖着一道蓝光。

  清水浇灌桃李，蓝光映照上苍。

- 紫云返照——

  紫云山上晚霞，多情返照家乡。

家家彩帘挂上，人人满脸红光。

• 双塔倩影——

南宝塔、北宝塔，耸立两支巨笔。

东华观，西紫云，天生一副对联。

• 孔庙钟声——

孔庙钟声阵阵，办学薪火绵长[1]。

主席两次来访[2]，钟声传播远方。

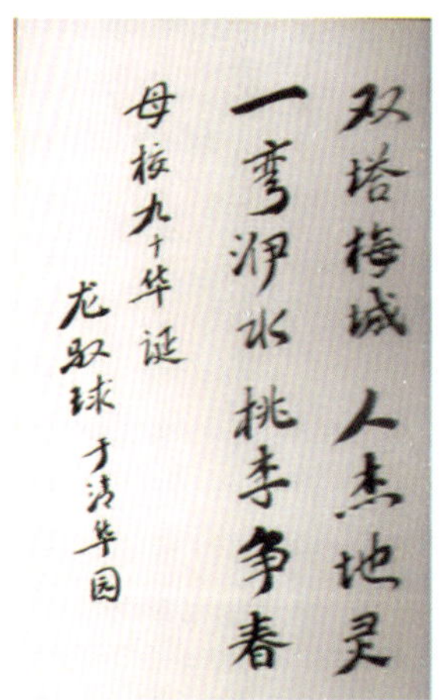

图 1-10　献给母校的题词

图 1-10 是龙驭球献给母校梅城小学 90 周年校庆的题词。

第二，关心故乡的文脉传承。

根据《安化县志（1986—2000 年）》总述中记载，自宋朝至清朝，安化共有进士 14 人（包括嘉庆进士、两江总督陶澍，同治榜眼、书法家黄自元），举人 117 人。当代有院士 1 人（工程院院士龙驭球），羽坛世界冠军 4 人（唐九红、龚智超、龚睿娜、黄穗）。

第三，忆起故乡的诗文典故。

龙先生对故乡流传的一些乡土诗文典故津津乐道，常记于心。请看下面这副对联，你能欣赏其中的机智与风趣吗？

据说，左宗棠在入仕前曾在陶澍府上坐馆，教年幼公子读书。

---

❶ 以孔庙为中心，历代相继兴办书院学堂，薪火不断：中梅书院（1692 年）→崇文书院（1803 年）→培英学堂（1902 年）→安化县立一中（1960 年定名）。

❷ 毛主席于 1917 年和 1925 年两次来梅城考察农民情况，都住在孔庙的厢房里。

有一天，师生应邀到陶家一亲戚家赴宴。主人安排公子在上座，老师在陪座。回家路上，老师出题叫公子作对联。他出的上联是：

“眼珠子，鼻孔子，朱子在上，孔子在下。”

公子一听，感到老师有点生气了，微微一笑，装着无事，回了一个下联：

“眉先生，须后生，先生何短，后生何长！”

老师听后，两人一起相视大笑。

三、忆英武中学往事（初中）

1937 年冬，龙驭球小学毕业，这正是日寇入侵、国难当头时节。由于当时安化县还没有一所中学，又因他年纪尚小，无法只身外出求学，眼看就要面临失学厄运，心中十分苦恼。忽然有个喜讯传来，乡贤罗驭雄已经回到久别的家乡，要在梅城兴办安化的第一所中学，名叫英武中学。这样，他就可以在家门口继续升学，成为英武中学初中第一班学生。这段转惊为喜的经历，有人把它说成：

“国难当头临失学，贵人相助又逢春。”

这是安化人的一种传统说法。老人们常说：“在人的一生当中总要过几个坎，有时遇上贵人，就能逢凶化吉，转惊为喜。”罗校长无疑就是安化失学少年遇上的那个贵人了。

英武中学总共办学 12 年（1938—1949 年）。先后招收初中 45 个班，毕业 1458 人；高中 11 个班，毕业 633 人。这两千多人由于得到进一步学习机会，增长了才干，在抗日战争及新中国建设的伟业中形成一股新的坚强力量，其中还包括两位院士：科学院院士俞汝勤和工程院院士龙驭球。

（注：俞汝勤院士是长沙人，抗战期间随父母迁居山区梅城，在梅城黎明小学毕业后，继续在英武中学学习。抗战胜利后，全家返回长沙。后在湖南大学化学系任终身教授，曾任湖南大学校长。）

校名“英武”二字藏在八字校训中：

“群英翕集　我武维扬”，也贯彻在“造就英才、抗日扬威”的十二年办学实践中。

1960 年，安化第一中学在梅城成立。它继承、发展了梅城以往的办学经验，包括英武中学 12 年的办学实践。从此英武中学正式包含在安化一中这个系统中了。这种做法使文脉永续绵长而不致中断。

在回忆英武往事时，龙驭球还提到下面两点。

第一点，“文革”期间巧遇罗校长的女儿。

清华大学曾经是受“文革”破坏的重灾区。一天，龙驭球家里来了一位客人，自称是罗驭雄老师的女儿。她说她爸爸现在住在武汉，身体还好。龙驭球听了很是高兴，但她满口武汉腔，不带一点安化调，又使人感到有些奇怪。客人也察觉到这点，便从书包里取出一封信来。这是毛主席给罗驭雄老人的一封亲笔回信（图 1-11），因为他们两人过去在湖南第一师范时是老同学。

龙驭球看到信后就完全放心了，喃喃地说：“老师无恙，无恙！太好了！”并嘱咐她：“最好搞一个复制件随身带着。原件要小心保存，千万别弄丢了！”

为了便于阅读，现将亲笔信中的手书体改成印刷体刊印于下：

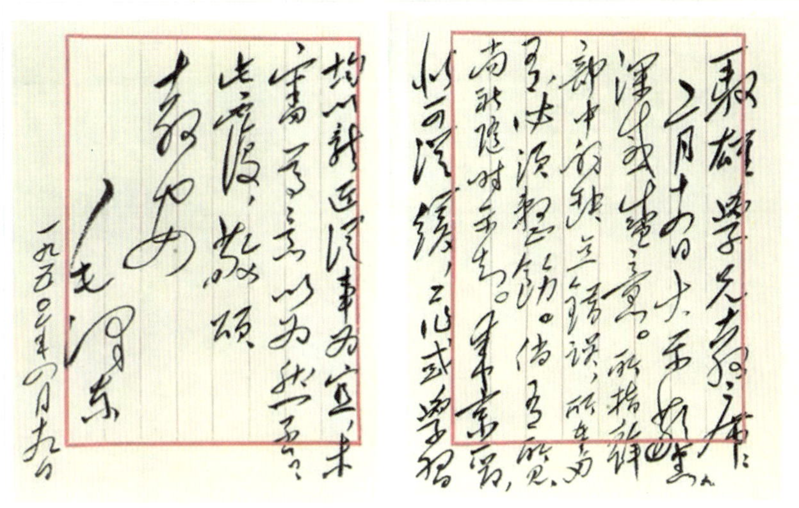

图 1-11　毛主席写给罗驭雄的亲笔信

驭雄学兄教席：

二月十四日大示敬悉，深感盛意。所指干部中的缺点错误，所奉多有，必须整饬。倘有所见，尚祈随时示知。来京一节，似可从缓，工作或学习均以就近从事为宜，未审尊意以为然否？

此复，敬颂

教安

毛泽东

一九五〇年四月十九日

第二点，42 年后喜见英武校景图。

图 1-12 是一张“英武中学校景图”，是画家、英武中学老师莫逊人先生于 1980 年绘制的，当时作者已经 70 岁了。如从英武中学创办之年算起，也已经过了 42 年。

校景图上有两段题词：左上方是莫老师的题词，右上方是罗校

图 1-12　英武中学校景图

长的题词，已经“时年八十有六”。现将两段题词放大印出，以便阅读。

《英武中学校景》作者莫逊人先生题词

该校为丹翁前辈在抗日战争时期所创办，历尽艰辛，拯救了大批失学青年，培养成才。今日英武校友遍及全国各条战线，成绩辉煌，丹翁至感欣慰，爰作校景图以示敬仰之意，工拙在所不计也。

庚申夏月　莫逊人画于汉皋　时年七十

附：校长罗驭雄为《英武中学校景》题词

公元一九三七年，“七七事变”后，敌人放肆入侵，是年冬，我回到离别二十五载的安化县梅城。原拟联合人民救国抗日，被阻未成。当知全县人民七十万，自辛亥革命以来二十多年，还未设立中学一所，遂不顾困难，不用公款，创立湖南私立英武中学。

旋择城东启安坪为校址，赖各方协助，兴建校舍，按高初中级别，招录青年，进行教育。在前期结业者，愤国难未除，多奔前线杀敌，后期学友受爱国思潮激励，参加祖国建设，现在各地工作的不胜其数。

学校文献散失，因画家莫逊人老师绘校景，巨细逼真，其中四二大礼堂，养斋办公楼岿然峙立，龚翼星校董在头门所题：“群英翕集，我武维扬”八字，亦若隐若现，仰览之后，如重履其地，珍惜不置。

罗驭雄　时年八十有六

公元一九八〇年于武汉

这幅校景图及其两段题词是英武中学的一件宝贵文物。一件“亦新亦旧”的文物。既是建校42年后的新作，又是距今已有三十多年的旧作。

这幅校景图会使英武中学的校友产生无限的感慨和思念：

回忆创业的艰辛，从而产生敬仰之情。正如莫老师题词所云:“以示敬仰之意”。

抚今思昔，产生珍惜之情。正如罗校长题词所云：“仰览之后，珍惜不置”。

每当想起两位老人老当益壮，意气风发，作画题词的情景，就会引起共鸣，产生一种自豪、自信的情怀。

四、忆国师附中往事（高中）

1941年9月至1944年7月，龙驭球在国立师范学院附属中学（简称国师附中）高二班学习并毕业。学校设在湖南安化蓝田镇（现为涟源市)。1944年秋以后，随着战事的发展，国师附中曾随国立师范学院两度搬迁，先后在溆浦和南岳办学。抗战胜利后，国师迁至长沙，先是与湖南大学合并，后来又独立办学，现为湖南师范大学。由于湖南大学原先已有附中，因此国师附中就留在南岳，现为衡东县一中。

日寇入侵后，北方和沿海地区的大学纷纷内迁，湖南大学迁到湘西辰溪，长沙很多知名的中学，如长郡、妙高峰、周南、明宪、省立一中、省立一师等校都迁到蓝田及其附近办学。突然之间，蓝田已成为一座学府之城。教育部依靠内迁的知名学者作为基本队伍，于1938年在蓝田组建独立的师范学院，共有8个系和3个专修班，师生约五千余人。这就是抗战期间国内颇有声望的蓝田“国立师范学院”的创建。著名文学家钱锺书及其父钱基博教授当时分别在国师外文系和中文系任教。1945年钱锺书发表名著《围城》，其中就有国师和蓝田战时的身影。

国师于1940年创办附中，与一般中学相比，它具有一些优越条件：

首先，在教育方针、教学用房、办学经费、实验设备方面都有一所大学在背后鼎力支持。

其次，师资力量雄厚。既聘请了一批中学名师，又有一支兼课的大学教授。哪个中学能有此优越的条件！

最后，学生素质优异。附中录取的高中新生都是各校初中毕业生中的尖子，英才荟萃，济济一堂。

在名师指点、高手竞争的学习环境下，龙驭球有如鹰翔长空，迅速成长。

几十年后，龙驭球在回忆国师附中往事时反复地说：“最眷恋的是母校的育人环境——四季春风；最难忘的是老师的鼓励宽容——深情妙赏”。下面分别对“四季春风”和“深情妙赏”谈些具体事例。

（一）关于“四季春风”的题词和诗句

2010 年，适逢国师附中（现为衡东一中）七十周年华诞，龙驭球敬献贺联（图 1-13）。2011 年涟源一中（在国师附中蓝田旧址改建的省重点中学）在校园内修建“国师附中文化墙”时，将此贺联刻在墙上，作为历史性纪念。

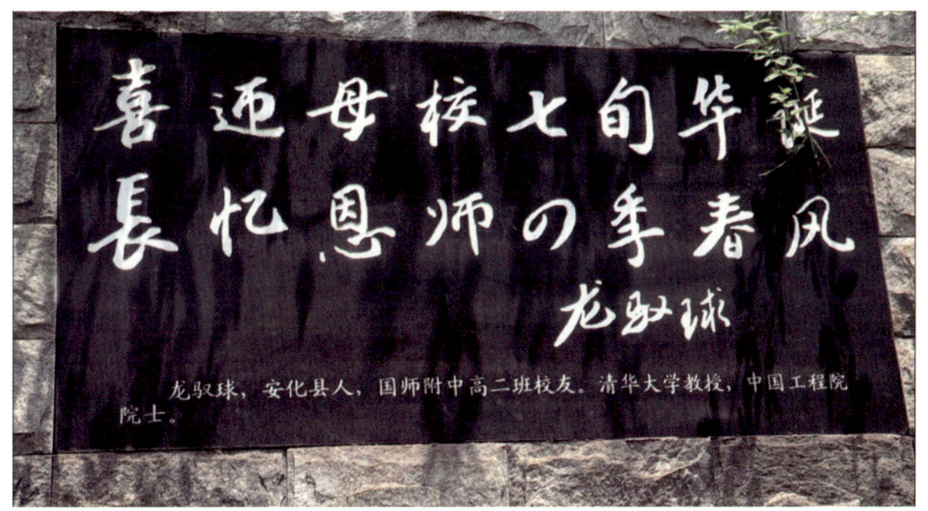

图 1-13　龙驭球为母校国师附中七十华诞所献贺联
（刻在涟源一中校园内修建的“国师附中文化墙”上）

1993—1998 年间，龙驭球曾作“四季春风组歌（四首）”，抒发对母校和恩师的怀念深情。现抄录两首如下：

忆母校（1995）

四季春风何处寻？就在母校校园中。

不论寒来与暑往，桃李依旧笑春风。

忆恩师（1995）

四季春风何处寻？满园桃李记心中。

学生当选院士日，难忘先生培育恩。

（二）关于老师“鼓励宽容、深情妙赏”的回忆

龙驭球回忆往事时，脑海里出现的总是高兴的事儿多，苦涩的事儿少。时常出现的首先是母亲的慈爱笑容，其次是老师的赞许神情。其中国师附中两位老师独特的赞许方式使他回想、回味了一辈子。

先讲国文课张勗老师的赞赏故事。

国文课本中的“义虎记”讲完以后，老师布置每人写一篇作文：把文言版的“义虎记”改写成白话故事。龙驭球文思涌动，围绕“义”字这个中心，增添了许多既合情合理又反常怪异的细节，写成一篇新奇可信的白话文小说。

第二次上课时，老师干脆拿着龙驭球的作文当作范本讲了整整一堂课。这堂课使全班同学感到新鲜，听得入神；更使他自己感到兴奋和惊异，好像突然遇到了一个全新的自我。

再讲数学课李澹村老师的赞赏故事。

李老师是数学名师，作风儒雅，深得学生爱戴。他在教课中随时进行课堂考试。有一次他出了 20 道题，让学生在一堂课内自由选题作答。大部分同学只做了四五道题，而龙驭球却做了 12 道题，而且简明正确。在下一堂课上，老师对考试情况作了简评，并把最优试卷张贴在校园墙上，以供全校师生观摩。从老师的赞许关爱中，龙驭球受到了鼓舞，提高了信心。在全校的观摩活动中，他也重新审视了

自己，发现了自己深藏未露的潜能以及心仪已久的志趣。

校园的四季春风吹拂着满园桃李，恩师的深情妙赏滋润着稚嫩心灵：理想点亮了，潜能激发了，自信增强了。这些就是对母校——国师附中最深的回念和眷恋。

在此，不由得想起梁启超先生的育儿高招。他有五子四女，个个成才。在九个行业中都是翘楚，其中还包括三个院士。据说，他的育儿高招是“换指”：把“戳戳点点”的食指，换成“真棒真棒”的拇指。

梁先生的高招与这里说的“四季春风”“深情妙赏”，是不是有点相通呢！

第二章　三校奔波求学路

一、唐山交通大学学习（大一）

1944 年夏，龙驭球从国师附中毕业后，曾和同学结伴步行到湘西辰溪，报考湖南大学，并以土木系第一名的成绩被录取。与此同时，国师附中应邀向唐山交通大学保送优秀毕业生，龙驭球又被该校录取。身强气盛喜远征，年轻人最终选择了唐山交通大学。

1944 年 9 月至 1945 年 8 月，龙驭球在唐山交通大学土木系读一年级。那是一段充满磨难而又激情燃烧的岁月。

唐山交通大学，其前身是创建于 1896 年的山海关北洋铁路官学堂，后迁唐山，更名为唐山路矿学堂。该校校名几经更易，习惯上称之为“唐山交通大学”。曾培养出茅以升、竺可桢、林同炎、陈能宽、张维、严恺、肖纪美等七十多名国内外院士。后来因全国院系大调整以及支援大三线建设等原因，经过多次的分合与搬迁，逐渐发展成为现在的西南交通大学。

唐山交通大学在抗战初期就被笼罩在战争的梦魇之中，但这也恰恰塑造了唐山交通大学师生艰苦卓绝的风骨。

1937 年“七七”卢沟桥事变爆发，当时唐山交通大学正值暑假，学生大多回家探亲，唯 1938 届学生正由伍镜湖教授带领，在北京西山进行铁路测量实习。事变骤起，情势紧急，不过十日，唐山交大校园即落入日寇魔掌。

由于众多师生和校友进行了大量的联络工作，唐山交大分散的学生在亲朋校友的接济下，逐渐向上海、武昌、南昌、湘潭等城市集中。10 月初，决议组织上海、南昌两办事处，在赣复校上课。后因战争形势，决定迁到湖南湘潭，12 月 15 日，交通大学唐山工程学院，在战火纷飞的条件下，经历了五个多月的奔波，在湖南湘潭临时校址举行开学典礼，复校上课，弦歌再续。

1938 年 3 月下旬，教育部指令交通大学北平铁道管理学院并入唐山工程学院，改为铁道管理系。铁道管理系并入后，师生人数剧增，湘潭校舍不敷使用，于是学校于 5 月 23 日迁往湘乡杨家滩。

1938 年 10 月武汉陷落，11 月初日寇进攻湘北，长沙激战。杨家滩距离长沙 100 多千米，人心浮动，以为日寇朝夕可至，学校被迫迁移。迁移路上得到校友和社会各界的接济与资助。茅以升院长率领师生，历时七十多天，行程两千余里，在贵州平越（今福泉）继续办学。更名为国立交通大学贵州分校，下设唐山工程学院和北平铁道管理学院。

1944 年 9 月，热血青年龙驭球抱着满腔的爱国热情和投身国家工程建设的志向，进入这所优秀而又显沧桑的大学。

但在战火纷飞的年代，哪里能容得下一张安稳的课桌？就在 1944 年 11 月初，日寇向桂北发动进攻。日寇在占领桂林、柳州之后，又攻占黔南独山。平越离独山仅百余千米，学校不得不再谋迁移。在来不及确定迁移地点和教育部未予拨款的情况下，学校于 11 月 16 日布告全校，暂时停止上课，到重庆集中。龙驭球不得不背起行李，结伴徒步前往重庆。

1945 年 1 月 3 日，罗忠忱校长到达重庆，与交大唐平两院❶在渝校友会商，得知璧山丁家坳有一交通技术人员培训所可用，当即议定暂迁璧山丁家坳复课，并于 2 月 15 日正式开学。

龙驭球回忆唐山交大学习一年的往事时，印象最深的是两点：

在抗日烽火中，行两千里路。

在古庙菩萨旁，听讲微积分。

（一）从平越到璧山——在抗日烽火中，行两千里路

1944 年 11 月，日寇攻占黔南独山，逼近平越校区。学校急忙宣布停课，叫大家先到重庆去集中。于是学生们背着行李，三五结伴，在黔山蜀水中开始两千里的远征。沿途目睹了贵州山区一片贫苦景象。深秋时节，八九岁的小男孩还光着全身在山上干活。背运盐巴的伙计偶尔碰掉下一小块盐巴，就有人抢去放在嘴里大嚼。他们平日是难得吃到盐的。祖国积贫积弱，日寇凶狠猖狂。看到这些，龙驭球庄严立誓：

要把雪耻救国作为毕生天职。

黔山蜀水，在沉思中走过。过娄山关时，衣单风冷，披着被毯闯关。渡乌江时，上午一路下山来到河谷，中午渡江，下午又一路攀登到山岩小屋。锻炼筋骨，锤炼意志，要扛得起雪耻救国的重任。

从平越到重庆，再到璧山，从 1944 年 11 月底到 1945 年 2 月中，虽然没有进过一次教室听过一次课，却阅读了一本关于国情国运的大

---

❶ 唐山工学院简称“唐院”，北平铁道管理学院简称“平院”。

书。身体上虽然长了一身疮，精神上却提升到一个新的境界。

（二）在璧山复课——在古庙菩萨旁，听讲微积分

仓促找到的复课场所（交通培训所）容纳不下全部学生。只好把一年级安排在几里外的一座古庙里。上课时与泥菩萨一起听课，晚上在油灯下复习做作业。疮疱化脓，就从厨房要一盆蒸锅水，到菜园偏僻处去清洗。生活环境虽然清苦，但学习劲头很足，要学好知识，增长科学救国的本领。身上是疮疤累累，全国是疮痍满目，但心里点燃的要使民富国强的信仰之火却愈烧愈旺。

在抗日烽火中奔走，我们决心要承担起科学救国的重任；在古庙菩萨旁边上课，我们知道救苦救难全靠我们自己。这是在唐山交大一年学习中的主要收获。

1945 年暑假里，龙驭球步行到重庆与旧友聚会。偶然间听到西南联大在重庆招收二年级转学生的消息，就去临时应试，居然被录取了。这次转学考试似乎也是对“古庙教学”的质量进行了一次检验。于是，1945 年秋龙驭球又转学到西南联大，作为二年级的插班生。

二、西南联大学习（大二）

1945 年 10 月至 1946 年 5 月，龙驭球在西南联合大学土木系读二年级。

国立西南联合大学（1938—1946 年）由北京大学、清华大学和南开大学三校组成。卢沟桥事变后，日本帝国主义全面发动侵华战争。为保存中华民族教育精华免遭毁灭，华北及沿海许多大城市的高等学校纷纷内迁。抗战八年间，迁入云南的高校有 10 余所，其中最著名

的就是国立西南联合大学。

1937 年全民抗日战争爆发，北京大学、清华大学、南开大学先迁至湖南长沙，组成长沙临时大学（简称临大），于同年 11 月 1 日开学。但临大办学局面并没维持多久，12 月 13 日，南京沦陷，武汉震动，战火危及长沙，临大再次决定西迁昆明。1938 年 4 月迁到昆明，改称国立西南联合大学（简称联大）。

联大基本沿用临大时的行政体制，仍由三校校长蒋梦麟、梅贻琦、张伯苓组成校常务委员会总理校务（实际主持校务工作的是梅贻琦）。

5 月 4 日联大开始上课，设立文、理、法商、工、师范 5 个院 26 个系，两个专修科、一个先修班。北大、清华、南开原为著名的高等学府，它们有各自独特的经历和教学作风。组成联大以后，会集了一批著名专家、学者、教授，师资充实，人才济济。他们在极其艰苦的条件下，坚持严谨的治学态度，树立优良学风，是当时中国规模最大的著名高等学府。

联大以“刚毅坚卓”作为校训，教导学生成为一个刚强、有毅力而又卓尔不凡的人。联大校歌采用《满江红》的词牌填写，内容极富爱国之情。在八年艰苦办学环境中，校训和校歌极大地鼓舞着联大师生不断追求“爱国、救亡、科学与民主”的光明道路。

当时，抗日战争正在进行，昆明物价上涨。从教授到学生均“面有菜色”。学校发助学金给学生，学生自己组织膳团办伙食，这笔钱一天只够吃两顿饭：一顿中午饭，一顿晚饭，早饭就没有了。这还是同学自己到外地去买粮食买菜的情况下才办到的。值得庆幸的是昆明特有的气候，温暖湿润，减少了许多麻烦，也让学生们不至于饥寒交迫。

在这样的情况下，许多同学实行五花八门的半工半读的学习方式。女同学有做护士、护工的。男同学有卖报的，有在邮局工作的，有当家庭教师的，甚至有去放午炮的（放午炮就是指每日中午 12 点昆明的城楼上要放炮，起标准钟的作用，放午炮的都是联大的学生）。龙驭球就是采取兼任家教和卖学生报的“半工方式”。

1945 年，艰苦卓绝的抗日战争终于取得了最后胜利。自 1946 年 5 月开始，联大师生陆续返回北平和天津。联大决定将创建于昆明的师范学院留在云南当地，成为一个永久的纪念。

冯友兰先生在《国立西南联合大学纪念碑文》（图 2-1）中深情写道：“联合大学初定校歌，其辞始叹南迁流难之苦辛，中颂师生不屈之壮志，终寄最后胜利之期望；校以今日之成功，历历不爽，若合符契。联合大学之始终，岂非一代之盛事、旷百世而难遇者哉！爰就歌辞，勒为碑铭。铭曰：痛南渡，辞宫阙。驻衡湘，又离别。更长征，经河泽。望中原，遍洒血。抵绝徼，继讲说。诗书器，犹有舌。尽笳吹，情弥切。千秋耻，终已雪。见倭寇，如烟灭。起朔北，迄南越，视金瓯，已无缺。大一统，无倾折，中兴业，继往烈。罗三校，兄弟列，为一体，如胶结。同艰难，

图 2-1　国立西南联合大学纪念碑（位于昆明原联大校址）

共欢悦，联合竟，使命彻。神京复，还燕碣，以此石，象坚节，纪嘉庆，告来哲。”

西南联大光荣地结束了其使命，这段艰苦的求学岁月在龙驭球心中留下了难以磨灭的印记。1946 年 10 月，龙驭球迁往北平清华园。

龙驭球回忆西南联大往事时，感触颇深，印象最深的是下述两点。

（一）多难兴邦创奇迹

西南联大校歌是在联大学生中广为流传、令人终身难忘的一首歌。歌词按《满江红》词牌填写。歌词的下阕是：

千秋耻，终当雪；

中兴业，须人杰。

便一城三户，壮怀难折。

多难殷忧兴国运，动心忍性希前哲。

待驱除仇寇复神京，还燕碣。

“多难兴邦”是联大精神，“壮怀难折”是联大风骨，“育人杰”是联大使命。

1.“多难兴邦精神”在校园中的反映

西南联大在昆明大西门外的 300 亩荒地上建设校园，称为新校区。校园中盖了 36 栋学生宿舍。每栋宿舍都是夯土为墙，茅草作顶，20 个双人床排成两行，中间留出过道。可住 40 个学生。宿舍只供居住，无法写字做功课。

与茅草宿舍相映衬的，是一系列铁皮屋顶的教室。一下雨，屋顶就咚咚作响。老师就得放大嗓门，与雨声比赛。有位老教授嗓门小，败下阵来，只好返身在黑板上写下四个大字：“静坐听雨”。他不服气，要与雨声比试比试持久耐力。

校园里最高、最大的建筑是图书馆。它是单层砖木结构，看起来有点像两层楼房，实际上不是，只是中央屋顶比周边屋顶高几尺，安装了一排通风窗子。图书馆的座位不多，抢不到座位的学生就跑到校园周边星罗棋布的小茶馆里去读书、写作业。当时的联大学生、后来的著名作家汪曾祺曾于 1984 年写了一篇散文《泡茶馆》。文中写道："大学二年级那一年，我和两个外文系的同学经常一早就坐到这家茶馆靠窗的一张桌边，各自看自己的书……我的最初几篇小说，即是在这家茶馆里写的"。在文章末尾还写道："如果我现在还算一个写小说的人，那么我这个小说家是在昆明的茶馆里泡出来的"。

图 2-2 是西南联大校园一角。在高大的图书馆（图的右下角）的周围是矮小的铁皮教室和茅草宿舍。

图 2-2　西南联大校园一角

茅草屋与铁皮屋，图书馆与小茶馆，这是西南联大校园很有特色的两个组合。它们是"多难兴邦精神"的具体反映。"多难"，物质环境处处是艰难的；"兴邦"，精神襟怀始终是高昂的。龙驭球在回忆中把它们综合在一副对联里：

铁皮屋、茅草屋，像交响乐队，

把雨打声演成神曲。

小茶馆，图书馆，似众星拱月，

将书香味引向云端。

2.“满腔悲愤、壮怀难折”的教师情怀

（1）三校教师共赴国难，帅才云集

清华、北大、南开三校名师共赴国难，汇聚一堂。数学有陈省身、华罗庚；物理有叶企荪、吴有训；文学有朱自清、闻一多、沈从文；哲学有冯友兰、金岳霖；工科有刘仙洲、施嘉炀。他们都是各个学科的领军人物。在179名教授、副教授中，留学回国的有153人（留美97人，留欧56人），他们都是学贯中西的学者。

（2）教师生活艰苦、悲愤著书

华罗庚全家住在吊脚楼上，楼下圈养着马、牛和猪。华先生回忆说：“晚上牛擦痒，擦得地动山摇，危楼欲倒。猪马同圈，马误踩猪身发出尖叫，而我则与之同作息。”华罗庚与闻一多两家同住一屋，挂着一块布帘分隔成两家。华先生在西侧写《堆垒素数论》，闻先生在东侧进行考古。华先生把此情景写成如下诗句[1]：

布东考古布西算，

专业不同心同仇。

《堆垒素数论》是华先生在西南联大完成的世界名著，是抗战期

---

❶ 清华大学校史研究院．水木清华群星璀璨[M]．北京：清华大学出版社，2001：23.

间同仇敌忾下的产物。

冯友兰先生总结自己的一生学术成果时，曾归结为下面两句话：

三史释今古，六书纪贞元。

“三史”是三本中国哲学史著作（《中国哲学史》《中国哲学简史》《中国哲学史新编》）。“六书”是在长沙临时大学和西南联大期间撰写的六本书（《新理学》《新事论》《新世训》《新原人》《新原道》《新知言》）。他回忆“六书”中第一本书《新理学》的写作情况时说：

“1937 年中日战争开始，我同金（岳霖）先生随着清华到湖南加入长沙临时大学。文学院设在南岳，在那里住了几个月。那几个月的学术气氛最浓，我们除了吃饭上课以外，就各自展开了自己的写作摊子。金先生的《论道》和我的《新理学》都是在那里形成的。从表面上看，我们好像是不顾国难，躲入了‘象牙之塔’，其实我们都是怀着满腔悲愤无处发泄，那个悲愤是我们那样做的动力。”[1]

华罗庚说的“心同仇”，冯友兰说的“满腔悲愤”，我们从中感受到：他们在抗战烽火下著书立说，是在同仇敌忾、满腔悲愤下喷发出来的心血！胸无悲愤，何来绝唱！心血写成，所以珍贵！

3. 多难兴邦育人杰，硕果累累

西南联大办学 8 年，毕业学生 3807 人，为祖国培育了一批英烈人杰，在中国教育史上树立了一块丰碑。

首先，在自然科学技术方面，当选院士的有 160 人以上。“两弹一星”突出贡献者有 8 人（赵九章、郭永怀、陈芳允、屠守锷、杨嘉

---

❶ 清华大学校史研究室 . 水木清华群星璀璨 [M]. 北京：清华大学出版社，2001：496.

墀、朱光亚、王希季、邓稼先）。国家最高科技奖获得者有 5 人（黄昆、叶笃正、刘东生、吴征镒、郑哲敏）。

其次，在社会人文科学方面也有一大批英才人杰。例如，在首届学部委员和荣誉委员中，有刘国光、吴承明、李道揆、胡庆均、余绳武和瞿祖同。

最后，有一千多热血青年学生直接参军报国。西南联大有三次参军热潮。第一次是 1937 年战争爆发初期在长沙，有三百多人参军。第二次是美国“飞虎队”来华（1941 年 9 月至 1943 年 10 月）急需翻译人员，有四百多人参军。第三次是 1944 年日寇打到缅甸，滇缅公路（我国唯一一条外援军火供应线）被切断，政府号召参加远征军，有两百多人参军。为了铭记历史，在《西南联大纪念碑》（图 2-1）的背面，庄严地刻着从军学生题名录。经过收集和核实，题名录上已经刻了八百多人姓名。由于时隔多年，名单不全，成为憾事。但后来者敬仰之情，将因残缺而更加凝重。

4. 西南联大是中国教育史上的奇迹

西南联大于 1946 年 5 月 4 日宣布正式结束。短短八年，创造奇迹，令后人赞叹不已。现从点赞声中摘出一首抄录于下：

西南联大的三、二、三

三个顶尖——

茅草顶尖宿舍

铁皮顶尖教室

世界顶尖学府

两个了得❶——

物质上不得了

精神上了不得

三个奇迹❷——

南渡奇迹

雪耻奇迹

育人奇迹

西南联大在这三个奇迹中所起的作用是：

对前两个奇迹——全力以赴

对第三个奇迹——不辱使命

（二）“一二 · 一”运动怒吼争民主

1945 年 8 月 15 日，日本宣告投降。西南联大师生在欢欣鼓舞、庆祝胜利之后，逐渐把注意力转移到国内形势发展方面。

特别在“双十协定”签字以后，人民盼望能有一个和平建国的安定环境。不要内战要和平，反对独裁争民主，成为西南联大师生的共同呼声。可是事与愿违，外寇刚除，内忧又起。“一二·一”运动终于爆发了。

1. 从时事晚会到四烈士被害

1945 年 11 月 25 日晚上，西南联大在新校区举行露天时事晚会，

---

❶ 林语堂赞语。

❷ 南渡奇迹：我国古代曾有三次南渡（晋、宋、明），都未能北返。只有抗日战争时期的南渡才创造出“驱除仇寇复神京，还燕碣”的奇迹。
雪耻奇迹：自 1840 年以来，外寇入侵，我国屡战屡败。只有此次抗日战争取得全胜，创造出“千秋耻，终当雪”的奇迹。
育人奇迹：前已谈到“多难兴邦育人杰，硕果累累”的具体事例，为“中兴业，须人杰”创造出惊人奇迹。

有费孝通、钱端升等教授作报告，全校学生踊跃参加。龙驭球同工学院的同学从城东南的拓东路走到城西北的新校区去听报告。

国民党特务把时事晚会看作洪水猛兽，想方设法进行破坏。起先是割断电线，熄灭电灯，想使晚会无法进行。当学生们点起马灯，晚会继续进行时，军警接着就在校园周围放枪威胁，致使晚会被迫结束。

第二天早上，国民党中央社发布消息，说昆明郊区昨晚有匪情，已被军警鸣枪驱散。看到这条消息后，学生们都义愤填膺："原来堂堂的中央社却是一个卑鄙的造谣社！"于是写大字报，出版学生报，予以揭露。国民党特务军警恼羞成怒，进行镇压，致使四位烈士被害。他们的英名是潘琰、于再、张华昌、李鲁连。他们永远留在人民心里。学生忍无可忍，宣布罢课，"一二·一"运动从此爆发。

2. 从灵堂哀悼到抬柩游行

四烈士灵堂设在西南联大图书馆，全市学生和各界民众前来吊唁祭奠。灵堂里挂着巨大横幅：

"你们走了，还有我们，我们绝不退下！"

1946 年 3 月 17 日，学生抬柩游行，全城哀悼，田汉留下悲愤字句：

"素车百里吊来迟，且向刀丛觅小诗！"

"一二·一"运动使中央社获得了"造谣社"的"美名"，暴露了国民党凶恶的嘴脸。龙驭球刚从璧山乡下走出来，一到昆明，就目睹了时事晚会被破坏的场景，亲历了灵堂哀悼和抬柩游行的过程，怀着悲愤心情参加了卖学生报、揭露特务伎俩的活动。眼界开阔了，思想认识也提高了。

三、清华本科学习（大三、大四）

1946 年 10 月—1948 年 6 月，龙驭球在清华大学土木系读三、四年级，于 1948 年夏本科毕业。

抗战胜利后，三校师生分批北上，1946 年 10 月 10 日，初步恢复校舍的清华大学正式开学。西南联大结束后北上，是清华大学发展历史上一个重要的转折点。1946 年至 1948 年间，清华师生继承发扬了“一二 · 九”“一二 · 一”运动的光荣传统，和其他高校师生一道投入了“抗议美军暴行”“反饥饿、反内战、反迫害”等爱国学生运动，有力地动摇了国民党的反动统治，清华也被人们喻为“蒋管区里的解放区”。

不仅如此，在那个特殊的年代里，清华大学师生坚持严谨治学，学子们在丰富的学习、文化、体育活动中受到全面的锻炼。不少人在中华人民共和国成立后成为国家领导人、学术大师、社会主义建设各条战线的骨干。据清华校志统计，自 1946 年复员至 1949 年在校学习的清华学生中，有 51 位当选为两院院士，龙驭球就在其中（图 2-3）。

图 2-3　龙驭球大学毕业照片

清华大学复员在取得卓越成效的同时，也历经了诸多磨难。抗战胜利时，美丽的清华园已是满目疮痍。清华园被日寇侵占的八年中，优良的教学设施、丰富的藏书、优美的建筑等，都遭到严重破坏。

但是，清华大学师生员工在经费不足、时局动荡的重重艰辛中，以高昂的热情投入到学校复建工作中去。

学校复建的一个重要内容就是扩大学校的院系、研究所设置规模。经过调整和扩充后，清华大学成了一所包括文、理、法、工、农5个学院共26个学系和一个研究院的大学，比抗战前多了10个系。1947年度，全校学生总数增至2300多人，比抗战前增加了1倍。其中工学院学生增长最多，共1200余人，比抗战前工学院学生多了2倍左右。教师人数有391人，其中教授、副教授有110人。

这个时期，国内政局动荡不安，学生运动持续不断。国民党政治上的腐败与经济上的崩溃，与共产党在政治、军事上节节胜利形成鲜明对比。清华广大师生在进步思想引领下，在中共地下党组织下，逐步放弃对国民党的幻想，积极投身于“反独裁、反内战”和反对美帝国主义等爱国民主运动中，以饱满的热情迎接清华园的解放与新中国的诞生。

四、师从陆士嘉、张维二师（研究生）

1948年龙驭球从清华大学土木系毕业，考取了清华大学研究生，师从陆士嘉教授，攻读流体力学，并在清华大学水工试验所兼职做助理研究员。读研究生期间，龙驭球写了一篇科研方面的处女作《斯·柯两氏变换式及其在水工问题上之应用》，经过陆先生的把关和推荐，于1949年在《清华大学水工试验所研究从刊》上发表。龙驭球后来回忆说，“我迄今发表了学术论文250多篇。编论文目录时，我把这篇水工论文排在榜首。在陆先生的指导和牵扶下，我跨进了科学研究的神秘大门,迈出了几十年学术生涯神圣的第一步。”龙驭球还回忆说:“在陆先生的精心培育下，我像一棵稚嫩的小松树在春风里茁壮成长。记得我第一次登上讲台作学术报告时，陆先生坐在第一排，略带微笑看着我，为我壮胆。”“当时我还在自学第二外语（德语）。陆先生主动提出要当我的辅导员，叫我定期到她家里进行辅导。我念德文时，带一点湖南口音。陆先生有时忍不住要笑，这种笑是温暖的。事隔60多年，仍然感到笑容依旧，温暖如初。”

后来陆先生调到北京航空学院，肩负发展我国航空事业的重任。龙驭球留在清华大学教结构力学，并师承张维先生，研究壳体结构理论。图2-4是张维、陆士嘉二师的合影。

图2-4　张维、陆士嘉二师合影

1978年龙驭球出版了《有限元法概论》一书。龙驭球把书献给张、陆两位老师。不久，陆先生对龙驭球说:“你送来自己写的书，我们特别高兴，张维这几天正在认真学习哩！”龙驭球听了简直吓了一跳，不知如何答话。后来才知道张维先生正在计划把这本书推荐给Springer出版社，在国外出版，这使龙驭球突然想起小时候的一幅情景。四五岁时，爷爷每天清晨带龙驭球兄弟在小河边散步，学作对联。每当小镇里知书识字的客人来家，爷爷总要把孙儿新作的对联朗诵给客人听，从中得到莫大的欢乐。似曾相识燕归来，老师对学生作品的喜爱、偏爱甚至痴爱的情景隔了半个世纪似乎又在他身上重现了。不过仔细看来，毕竟还是有些差别：从前的老师只是想让一个小镇来欣赏那些对联，而现在的老师却要让全世界来了解中国。2009 年，Springer 出版社出版了龙驭球的有限元专著 *Advanced Finite Element Method in Structural Engineering*，让世界分享了中华智慧，实现了张维先生当年对龙驭球的殷切期待。

在 1998 年出版的《中国工程院院士自述》中，龙驭球写了“心中的双星座”一文，全篇都在歌颂张维、陆士嘉两位恩师。其中有一首小诗是怀念陆先生的：

士嘉慈师

士林有嘉木，

嘉荫护稚松。

慈眉一支笔，

师泽百年身。

对这首小诗，他回忆说：

“这是一首藏头诗。四句句首暗藏的‘士嘉慈师’与标题正好一致，通过这种方式，在诗中横竖交错，在眼前反复回旋，从而使缅怀之情，得以尽情抒发。

有朋友向我指出：在这首诗里，‘嘉’字出现了两次。从作诗的规矩来看，是犯规了，要改。我没有改，我是故意要用两个‘嘉’字的。我想通过这种方式，使我在念诗时可以多叫一声慈师。

2006 年的教师节，胡锦涛同志在新疆一所小学的黑板上写了八个大字：

培育之恩，终生不忘。

七八岁的小学生惦记着老师，八九十岁的老学生也在惦记着老师。培育之恩，终生不忘！终生未忘！终生难忘！”（图 2-5 为陆先生纪念会的情景）。

图 2-5　龙驭球在陆士嘉先生百年诞辰纪念会上（前排左三）

龙驭球总结多年的研究成果，于 1992 年出版了专著《新型有限元引论》，第二年喜迎恩师张维八十寿辰，龙驭球在庆祝会上报告了自己在新型有限元方面所做的系统工作，并以这方面的成果当作寿桃献给老师，会上赋诗“华诞吟”感激师恩。

华诞吟

一代宗师德望高，

桃红李白竞妖娆。

书斋弟子颂华诞，

有限新元当寿桃。

在“心中的双星座”一文的开头写道：“1995 年夏，收到了朱光亚院长祝贺我当选为中国工程院院士的贺信，当时真是思绪万千。饮水思源，落叶寻根，脑海里涌现出一张张熟悉的面容，他们在 68 个春秋里教育、指导、保护和偏爱我，其中有我的两位老师：陆士嘉教授和张维教授，他们是我心中十分敬仰的双子星座。

小时候就听到一种传说：世界上每一个人都在天上有一颗自己的星。我不知道我那颗星在哪里，但我深信天上确实有一个双星座，因为几十年来它们一直闪烁在我心里。”

第三章　清华园里老园丁

龙驭球攻读研究生一年后，于 1949 年秋回到土木系执教，当了一辈子杏坛园丁，把灵魂安栖在清华园的荷塘、闻亭和强国情怀里。

本章按照时间顺序，给出园丁生涯的四季风景：

一、初出茅庐意气高——讲述教学新兵的壮志满怀、气盛“翻山”的情景。

二、“文革”焦心负重行——讲述“文革”期间焦虑前行、负重“耐烦”的情景。

三、大地春回争分秒——讲述 1978 年越级提升教授后争分夺秒、兼程赶路的情景。

四、院士暮年不知老——讲述 1995 年当选院士后老骥壮思、继续“霸蛮”的情景。

最后作一简短结语。

一、初出茅庐意气高

告别学生时代，成为教学新兵。1949 年 10 月 1 日从天安门参加开国大典回来，壮志满怀，意气风发，誓把科教富国的重担挑在肩上；

誓为祖国的富强兴旺而奋斗终生。

在教学方面，最初是学习俄文，翻译并出版苏联教材。从1955年开始自编、油印讲义，在校内自印、自用，10年中改编了两次。最后，经教育部课程教学指导委员会从全国各校自编讲义中进行评选，推荐由高等教育出版社出版龙驭球、包世华合编的《结构力学》教材。上册有幸于1966年4月如期出版，下册则因“文革”而夭折了。

在科研方面，龙先生于1962年发表论文，创立折板结构与柱壳结构的力法计算理论；1963年与杨式德、古国纪合编出版高等学校教材《壳体结构概论》；1964年发表论文，创立圆底扁球壳的初参数法计算理论；1965年与张铜生合作，结合国防科研任务，发表扁壳应力集中问题的论文。科研工作正以日新月异的态势前进，却因“文革”而停止。

在新中国成立初期的十多年里，龙先生在教学与科研中边学边干。在结构力学方面，投身于四轮教材的建设（一轮翻译苏联教材，两轮自编油印教材，一轮评优出版教材）。在壳体结构方面，创立了三个新算法，合编了一本科技新书。紧锣密鼓，正要加油猛进；突遇红灯，无奈刹车急停。

二、“文革”焦心负重行

“文革”从1966年6月开始，使我们国家耽误了宝贵的十年。前半期是思想改造和劳动改造，龙先生先在江西鲤鱼洲农场劳动，后在江西德安劳动。后半期是与工农兵学员一起开门办学，先随土木系办学，后随水利系办学。

“文革”期间有两件事使龙驭球非常焦心。

一件是关于工农兵学员的教学和教材问题。工农兵学员一般只有初中文化水平，如何让他们学好大学课程，实在令人焦心焦虑。面对这种情况，杨式德、龙驭球、包世华一起合作，于 1974 年 3 月出版了一本针对工农兵学员情况的新教材《结构力学》(中国建筑工业出版社)。这是作者花了大气力写成的“心血之作”。这本教材的特点是：简明实用，深入浅出，努力遵循认识规律和理论联系实践原则，为龙驭球以后几十年从事结构力学教材建设工作积累了经验，夯实了基础。除出版上述教材外，还在《清华大学学报(自然科学版)》上发表教学研究论文“结构计算简图的选择”，这是三位作者在“文革”十年间发表的唯一一篇学术论文。

第二件是大学里科研工作全部停顿，与国外的差距越来越大的问题。这种态势实在令人忧心忡忡。龙驭球 1970 年从江西农场返京后就密切关注计算机科学对力学学科的巨大冲击，以及新兴学科“有限元法”的急剧发展。挑灯夜读，努力积累文献资料，如饥似渴，学习计算力学程序设计。1972 年编写有限元法讲义，1974 年为教师和工程技术人员开设能量变分原理与有限元法讲座。1978 年 7 月由人民教育出版社出版《有限元法概论》。这是我国出版的第一本有限元法教材，对全国肩负启蒙作用。在该书的第 7 章还介绍了作者首项有限元法科研成果——薄板弯曲问题的新型混合法单元。这是一片新开发的创新园地，生机勃勃，春意盎然。在以后的四十年里龙驭球在此耕耘不辍，培养出一批后起之秀，于 2013 年度荣获国家自然科学奖。

回顾“文革”旧事，作打油诗以自励：

两件焦心事，失志负重行。

逆境促成长，不负“耐烦”人。

三、大地春回争分秒

“文革”期间，清华大学教师职称的评定、提升工作完全停顿。“文革”刚一结束，清华园就迎来了科学的春天，清华校史丛书也记载了当时花开迎春的消息：

“1978 年 4 月，经校党委、校革委会研究决定，提升李志坚、黄克智、滕藤、张礼、朱永賵、郑维敏、潘际銮、陈南平、程宏、冯俊凯、萧达川、唐统一、张宪宏、吴佑寿、孙念增、李克群、周昕、龙驭球 18 人为教授，并报请北京市批准和教育部备案（北京市革委会 9 月 12 日批准）。”[1]

对此记载，可做几点补充：

（1）这是“文革”后清华大学于 1978 年提升的第一批教授。

（2）这 18 人中，有 6 位先后被增选为院士——李志坚、黄克智、朱永賵、潘际銮、吴佑寿、龙驭球。

这 18 人中，前面 17 人都是由副教授升为教授，只有最后一名龙驭球是由讲师越级升为教授。

龙驭球是 1952 年升为讲师的。屈指算来，这顶讲师帽子已经戴了 26 年。人生能有几个 26 年？他自己当时也觉得有点吃惊，甚至还

[1] 清华大学校史研究室. 清华大学九十年 [M]. 北京：清华大学出版社，2001.

有一点好奇，很想知道是否有人曾经打破过这个“纪录”。后来听说华东师大有位国学大师头戴讲师帽的“纪录”是长达 38 年，消息传来，他那点好奇心也就烟消云散了。

“文革”过后，龙驭球目睹了我国教育事业受到的严重破坏；也深切感到自己肩上的重大责任。突然之间，在职称上他从讲师越级升为教授。与此同时，在精神上他也从“半百老头”越级升为“忘年青椒”（把自己年龄忘记了的“青年教师”），决心在科教强国的道路上争分夺秒、兼程赶路。

1978 年到 1994 年的 17 年里，他一手抓教材建设，一手抓科研工作，终于取得教学科研双丰收。

在教材建设方面，共出版著作 11 部（参见附录 2“龙驭球著作目录”中的 4~14 著作），荣获教材奖两项（1988 年度和 1992 年度全国高校优秀教材奖）。

在科研工作方面，发表学术论文 113 篇（参见附录 3“龙驭球论文目录”中的 13~125 论文），荣获科技奖 5 项：包括北京市学术成果奖 2 项（1983 年、1988 年），国家教委科技奖 2 项（1987 年、1993 年）以及光华科技基金一等奖 1 项（1993 年）。

“文革”过后，春回大地。花开虽晚，兼程赶路，这是越级提升后的工作情景。

四、院士暮年不知老

龙驭球于 1993 年 9 月办理了退休手续，时年 67 岁。友人送他钓鱼竿，希望他闲时垂钓，颐养天年。但他按着惯性，仍然笔耕不辍。

笔杆虽已焦黄，但仍不愿退休。真是笔杆勤快渔竿懒，无可奈何。

中国工程院于1994年成立，接着于1995年进行第一次院士增选。龙驭球于5月收到朱光亚院长祝贺当选的贺信。他心潮澎湃，把两样贺品（院长的贺信与友人的渔竿）织成一段心曲，作诗如下：

笔杆渔竿心曲

笔杆焦黄渔竿青，
黄勤青懒未了情。
夕阳唤我登高去，
万点红霞好钓云。

龙驭球当选院士时，虽已年近古稀，但身体尚健，意气正旺。学校想请他回土木系继续执教，这也正符合他“笔耕情未了，夕阳好钓云”的心愿。于是他又重回教学岗位续招博士研究生，续写论文专著。紧锣密鼓，日夜操劳，一直干到米寿之年（2014年，时年88岁），才开始放慢节奏。2018年7月光荣离休，由国务院制发“中华人民共和国老干部离休荣誉证（第201803号）”。

在1995年以后这段岁月里，他在教学和科研领域展翅齐飞，又出版著作15部（附录2中的15~29著作），发表论文135篇（附录3中的126~260论文），并取得14项奖励。其中有3个国家级大奖，更是他“暮年不知老”的见证，现分述于下。

（1）科技教材《结构力学》（上册1994年，下册1996年，五年制用，第二版，高等教育出版社），获1999年国家科技进步二等奖（此教材还获1998年教育部科技进步一等奖。）——此书是清华大学结构力学系列教材中的第5轮教材，是作者30年教学经验和科研成果的升华与结晶。它的特点是一身二任:本职是高校教材,兼职是科学专著。此书由龙驭球、包世华、支秉琛、匡文起合著。

（2）教学成果“结构力学课程新体系的建设与实践”，获2001年国家级教学成果一等奖（此项目还获得2001北京市教学成果一等奖）——此课程新体系的三个特点是：经典力学与计算机技术的结合、力学教学与力学科研的结合、力学方法与哲理方法论的结合。

（3）科研成果“广义协调与新型自然坐标法主导的高性能有限元系列研究”，获2013年国家自然科学二等奖（此项目还获2003年教育部提名国家自然科学奖一等奖）。此成果被赞誉为四次突围：学科难题中突围、单元创新中突围、国际名著中突围、国际软件中突围。此科研成果主要完成人为龙驭球、岑松、龙志飞、傅向荣和陈晓明。此外，袁驷、范重、辛克贵、卜小明等对早期分项成果的创立也有重要贡献。

五、结　　语

龙驭球在清华园里执教六十多年，领略了园丁生涯中的四季风景。曾作《园丁四季歌》以抒怀：

初出茅庐意气高，（春）
文革焦心负重行。（夏）
大地春回争分秒，（秋）
院士暮年不知老。（冬）

《园丁四季歌》共两首，详见第九章。

第二篇

强国心愿

——教学科研摘星辰

引　言

龙驭球于 1948 年清华大学毕业后，又继续攻读研究生一年。从此结束学生时代，在清华大学土木系执教至今。

怀着科教强国的心愿，毕生从事教学科研工作。耕耘半世纪，追梦摘星辰，主要是做了三件事：

第一，从事结构力学课程的教学科研工作。出版优秀系列教材，力图在三个方面提升课程的境界——教学上求精，科研上创新，方法上论道。五次获得优秀教材奖，1999 年荣获国家科技进步奖。详见第四章。

第二，从事壳体结构的理论研究和设计工作。创立壳体结构六种新算法，参加两届（1965 年和 1998 年）薄壳设计规程的制定。2000 年荣获中国工程科技奖。详见第五章。

第三，从事有限元法的理论研究和软件应用工作。创立广义协调元等五类新元系列（116 个新元模型），创立分区和含参两类新型变分原理，破解五宗学科难题。出版专著《新型有限元论》及其英文版。提升国产建筑结构设计软件的质量和竞争优势。2013 年荣获国家自然科学奖。详见第六章。

胸怀强国梦，在结构力学、壳体结构、有限元法三个学科领域攻坚克难、突围创新，荣获三个全国科技奖：

国家科技进步奖（1999 年）——结构力学经典教材；

第三届中国工程科技奖（2000 年）——壳体结构设计研究；

国家自然科学奖（2013 年）——有限元法基础研究。

概括起来，龙先生的追梦过程是：

胸怀科教强国梦，耐烦霸蛮摘三星。

第四章　结构力学三提升
——五获优秀教材奖，再获国家科技进步奖

一、教材成系列，境界三提升

（一）教材成系列

龙驭球勤于著述，出版著作 31 部其中含英文专著 1 部，包括结构力学、壳体结构、有限元法、能量原理等学科领域的教材和专著。其中时间经历最长、品种最为多样、心血花得最多、心里觉得最得意的著作，当数那一套“结构力学教材系列”（表 4-1）。

表 4-1　清华大学“结构力学教材系列”

		书名	出版时间	作者	出版社	获奖情况
早期教材	—	结构力学油印讲义	20 世纪 50 年代	龙驭球 包世华	—	
	第 1 轮教材	结构力学（上册）	1966 年 4 月	龙驭球 包世华	高等教育出版社	
	第 2 轮教材	结构力学	1974 年 3 月	杨式德 龙驭球 包世华	中国建筑工业出版社	
中期教材	第 3 轮教材	结构力学（上册）(1) 结构力学（上册）(2) 结构力学（下册） （五年制第 1 版）	1979 年 8 月 1979 年 9 月 1981 年 3 月	龙驭球 包世华	人民教育出版社	1988 年荣获国家教委全国高校优秀教材奖
	第 4 轮教材	结构力学教程（上册） 结构力学教程（下册） （四年制）	1988 年 9 月	龙驭球 包世华	高等教育出版社	1992 年荣获国家教委全国高校优秀教材奖

续表

<table>
<tr><th colspan="2"></th><th>书名</th><th>出版时间</th><th>作者</th><th>出版社</th><th>获奖情况</th></tr>
<tr><td>中期教材</td><td>第 5 轮教材</td><td>结构力学（上册）
结构力学（下册）
（五年制第 2 版）</td><td>1994 年 5 月
1996 年 12 月</td><td>龙驭球
包世华
支秉琛
匡文起</td><td>高等教育出版社</td><td>1999 年荣获国家科技进步二等奖
1998 年荣获教育部科技教材奖一等奖</td></tr>
<tr><td rowspan="5">近期教材（21世纪教材）</td><td>第 6 轮教材</td><td>结构力学教程（Ⅰ）
结构力学教程（Ⅱ）
（21 世纪第 1 版）</td><td>2000 年 7 月
2001 年 1 月</td><td>龙驭球
包世华
匡文起</td><td rowspan="5">高等教育出版社</td><td>2002 年荣获全国普通高校优秀教材一等奖</td></tr>
<tr><td>第 7 轮教材</td><td>结构力学Ⅰ基本教程
结构力学Ⅱ专题教程
（21 世纪第 2 版）</td><td>2006 年 12 月</td><td>龙驭球
包世华
匡文起</td><td>2007 年荣获普通高等教育精品教材</td></tr>
<tr><td>第 8 轮教材</td><td>结构力学Ⅰ基本教程
结构力学Ⅱ专题教程
（21 世纪第 3 版）</td><td>2012 年 8 月</td><td>龙驭球
包世华
匡文起
袁　驷</td><td>—</td></tr>
<tr><td>第 9 轮教材</td><td>结构力学Ⅰ基础教程
结构力学Ⅱ专题教程
（21 世纪第 4 版）</td><td>2018 年 8 月</td><td>龙驭球
包世华
袁　驷</td><td>—</td></tr>
<tr><td>第 10 轮教材</td><td>结构力学Ⅰ基础教程
结构力学Ⅱ专题教程
（21 世纪第 4 版全本）</td><td>2019 年 7 月</td><td>龙驭球
包世华
袁　驷</td><td>—</td></tr>
</table>

由表 4-1 看出，这套教材系列在 1966 年正式出版之前，龙驭球已经采用自编、自印、自用的油印讲义进行教学长达 10 年。油印讲义几经修改，颇具特色，为教材的正式出版打下了良好基础。

这套清华大学“结构力学教材系列”有如下 4 个特点：

（1）精益求精，接力出版 10 轮，书册累计达 19 卷；

（2）锲而不舍，历时长达 53 年（1966—2019 年）；

（3）五次获优秀教材奖（1988 年，1992 年，1998 年，2002 年，2007 年）；

（4）荣获 1999 年国家科技进步二等奖，这是镶有两颗明珠的皇冠：教材明珠与科技明珠。

（二）境界三提升

这套教材系列的追求目标是："提升教材三境界"——教学上出精品，科研上有原创，方法上论道。现分述如下：

（1）教学上出精品——经过半个多世纪的锤炼，这套教材已被全国近 300 所高校选用作为教材，50 多届大学生读着这套书跨进了工程科技的大门。赞誉之声遍及全国，被誉为"我国结构力学教材的经典之作"，是"学生爱读、教师爱教、工程科技人员爱参考的教材精品"。

（2）科研上有原创——教学与科研是教师肩上的两副担子，教学上遇到难题，科研就来攻关。科研上有新成果，教学就及时反映。这套书得到科研界、教育界的一致好评。5 次获得优秀教材奖，并于 1999 年荣获国家科技进步二等奖。这表明：这套书既是教材精品，又是科研著作，承担起教学与科研的双重责任，获得双重赞誉。

（3）方法上论道——结构力学教材中讲到的计算方法特别多，达一百多种，有的算法还很精彩。如果能把这些算法从方法论的高度加以提炼，把知识提升成智慧，肯定是一篇出彩文章。可惜在 1988 年之前中外教材还没有结出这样的智慧之果。胸怀这个梦想，龙驭球终于在 1986 年发表了关于结构力学方法论第一篇论文。然后从 1988 年开始，在清华大学结构力学第 4、6、7、8、9、10 轮教材中，专辟新章，论述"结构力学之道"。龙驭球总是希望能写出点新东西，像"暗香浮动"那样飘溢在常规教材之外。也许这里的新章"结构力学之道"就是他追求的"暗香"吧！龙驭球曾以对联的形式抒怀：

溢异香于常规之外

出新意于旧课之中

二、教学上出精品——教材锤炼半世纪

清华大学结构力学教材系列已相继出版10轮，历时长达54年，如果从自编油印讲义阶段算起，则时间跨度更长，可把它分为如下4个阶段：

（1）自编讲义阶段（20世纪50年代）

（2）早期教材阶段（“文革”期间）

（3）中期教材阶段（“文革”以后至20世纪末）

（4）21世纪教材阶段（21世纪以后）

下面按照上述4个阶段，介绍教材的锤炼历程。

（一）油印讲义的芬香（自编讲义阶段）

龙驭球在大学三年级（1946年）学习结构力学时用的是美国教材，20世纪50年代初期讲授结构力学时用的是苏联教材。同是这门课程，美国称它为“结构学”，苏联则把它隶属于“力学”。美国强调实用算法和新技术应用，苏联则强调经典方法和学科的系统性，采用外国教材要善于取舍，扬长避短。

从1955年起，龙驭球开始自编、自印、自用油印讲义，取代洋教材，实行教材的中国化。目标是使内容切合中国国情，及时反映新进展，蕴含自创科研成果，将分章内容进行综合融通，提高学生解题能力。与国外教材相比，油印讲义虽然显得外形简陋，纸薄字粗，但有一股油墨芬香，蕴含着中国人的智慧。

（二）“文革”期间的奇遇（早期教材阶段，第 1~2 轮教材）

清华大学结构力学第 1 轮和第 2 轮教材在“文革”期间的经历是奇特而难忘的。

第 1 轮教材是在 20 世纪 50 年代编写了两轮油印讲义的基础上，由教育部结构力学课程指导委员会经过评选而推荐出版的优秀教材。它既对美国、苏联教材进行了扬长避短的取舍，又积累了十多年的自身教学经验，具有中国特色。教材分为上、下两册。上册有幸于 1966 年 4 月如期出版（图 4-1）。下册不幸晚了半步，终于没有逃过“文革”强加的厄运，只留下排版后的校样原貌（图 4-2），令人惋惜追思。

图 4-1　1966 年《结构力学》（上册）

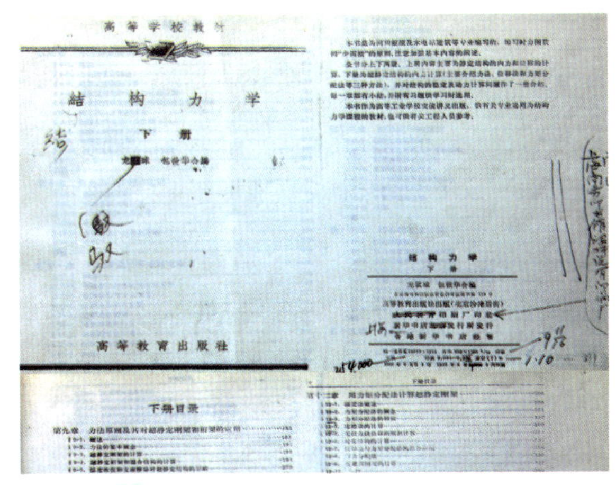

图 4-2　1966 年《结构力学》（下册）的校样原貌

第 2 轮教材是 1974 年出版的《结构力学》（图 4-3）。它是“文革”期间专门为工农兵学员编写的教材。这些学员一般只有初中文化程度，这是教育史上出现的一个“怪现象”。由这个“怪现象”就引出一个“怪问题”——“怎样才能使初中程度的‘学员’读懂大学教程？”面对这个“怪问题”，教师们殚精竭虑在两方面下苦功夫：一是研究认识

图 4-3　1974 年《结构力学》

规律，尽量做到深入浅出；二是加强理论与工程实践的联系，使学员了解理论的来龙去脉（理论如何从实践中来，再如何应用到实践中去）。

一份辛劳，一份收获，“怪问题”终于引出了“新成果”：第 2 轮教材中出现了一个新的章节“结构力学建模理论（计算简图）概述”。这是教材中的一个新亮点，其中讲述了如何把实际结构简化为计算模型的原则，并列举了众多的工程实例。这个教材新亮点消除了中外教材中的“专吃红烧中段”[1]的毛病，得到了全国同行的普遍认同和赞誉。

（三）内容的更新换代（中期教材阶段，第 3~5 轮教材）

在此期间，我国大学里两种学制（四年制与五年制）同时并存。因此分别出版了五年制教材两轮（第 3 轮教材为第 1 版，第 5 轮教材为第 2 版）和四年制教材一轮（第 4 轮教材），如图 4-4~ 图 4-6 所示。

---

[1] “专吃红烧中段”，是指吃红烧鲤鱼时把鱼头、鱼尾都扔在一边，专门吃红烧中段。实际上这是对中外结构力学教材只讲抽象的计算模型、不讲实际的工程结构这个“老毛病”的一种讽刺说法。

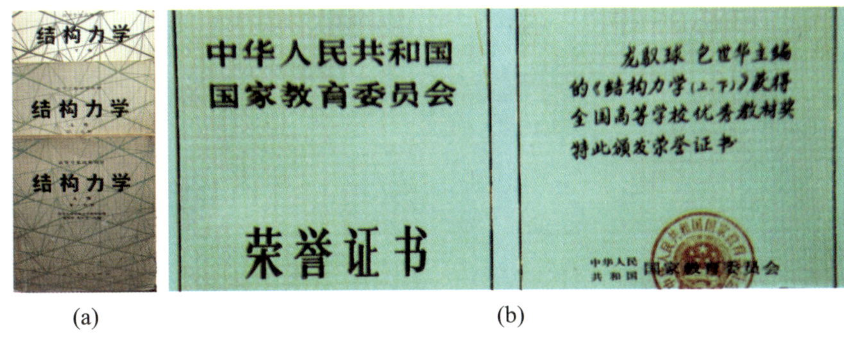

(a) (b)

图 4-4 1979—1981 年《结构力学》

(a)《结构力学》(五年制第 1 版);(b)获 1988 年国家教委全国高校优秀教材奖

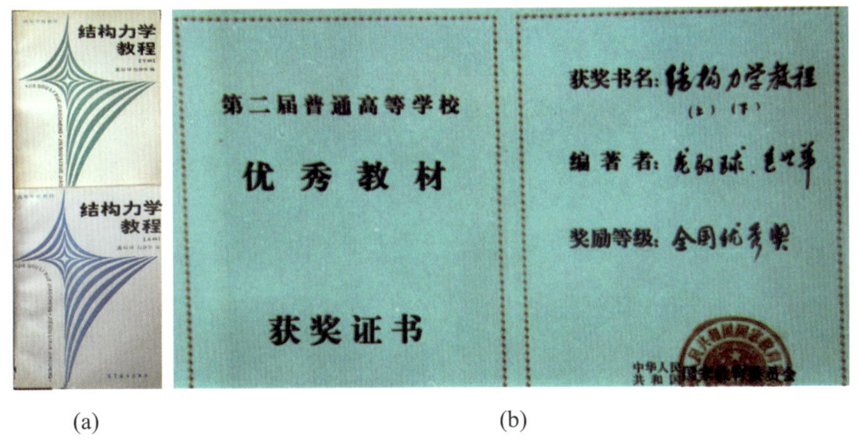

(a) (b)

图 4-5 1988 年《结构力学教程》

(a)《结构力学教程》(四年制);(b)获 1992 年国家教委全国高校优秀教材奖

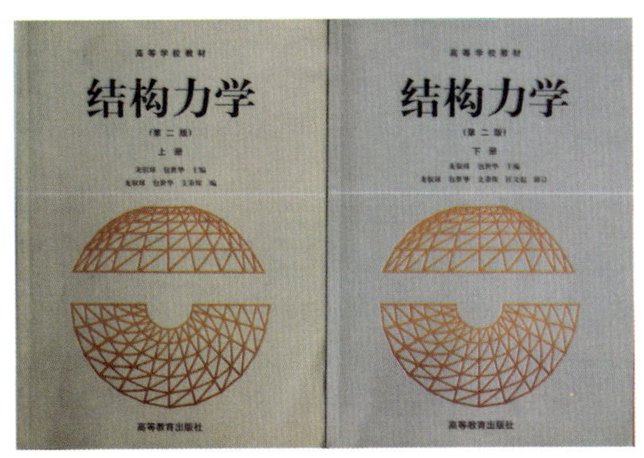

图 4-6 1994—1996 年《结构力学》(五年制第 2 版)

中期教材的一个显著特点是：计算机科学的新近发展对传统的结构力学提出了挑战，使结构力学教学内容发生了更新换代的大变革，主要表现在四个方面。

（1）传统的“手算”被“电算”代替，小型计算被大型计算代替，因此传统结构力学向“计算结构力学”转变。

（2）电算需要编写“计算程序”，因此又称为“程序结构力学”。

（3）在数学表达上适宜采用矩阵形式，因此又称为“结构矩阵分析”。

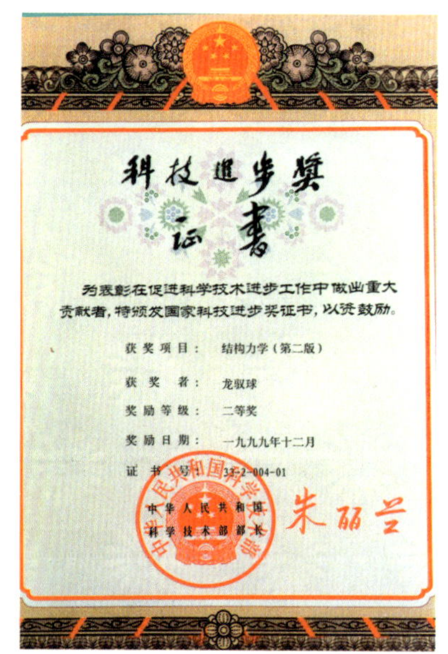
科技進步奬
証書

为表彰在促进科学技术进步工作中做出重大贡献者，特颁发国家科技进步奖证书，以资鼓励。

获奖项目：结构力学（第二版）
获奖者：龙驭球
奖励等级：二等奖
奖励日期：一九九九年十二月
证书号：33-2-004-01

中华人民共和国科学技术部部长 朱丽兰

图 4-7　获 1999 年国家科技进步二等奖

（4）在理论表述上适宜采用“能量变分原理”，因此常称为“能量变分解法”。

龙驭球团队把这四方面的变革引入教学，又把这四方面的科研成果写进教材，出现了教学与科研相互促进、你追我赶的生动局面。在此情况下，第 5 轮教材荣获国家科技进步二等奖，就成为水到渠成、顺理成章的事了（图 4-7）。

（四）“保底－选学”方案（21 世纪教材阶段，第 6~10 轮教材）

从半个世纪编写教材的历程来看，教材的内容和篇幅经常处于起伏波动之中，忽深忽浅，时简时繁。“文革”期间与“文革”以后不同，四年制与五年制不同，重点专业与一般专业不同。内容取舍，实难把握。直到 21 世纪初，才逐渐找到了一种灵活的应对策略——即采用“保底”与“选学”两者分流的做法（教材分成两册：Ⅰ册是基本内容，要保底；Ⅱ册是专题内容，可选学）。这样才能灵活满足不同层次的教学要求。

进入 21 世纪后，清华按照“保底 - 分流”方案，先后出版了 5 个版本的结构力学，即 21 世纪结构力学教材的第 1~5 版（清华大学结构力学第 6~10 轮教材）。现分述如下：

（1）第 6 轮教材是第一次采用“保底 - 分流”方案（图 4-8（a））。教程（Ⅰ）是基本内容，教程（Ⅱ）是专题内容。此教材获 2002 年全国普通高等学校优秀教材一等奖（图 4-8（b））。

（2）第 7 轮教材继续采用“保底 - 分流”方案，并在封面上明确标明“基本教程”与“专题教程”（图 4-9）。此教材被评为 2007 年度普通高等教育精品教材。

（a）　　　　　　　　（b）

图 4-8　2000—2001 年《结构力学》

（a）《结构力学》；（b）获 2002 年全国高校优秀教材一等奖

(a)

(b)

图 4-9　2006 年《结构力学》

（3）第 8 轮教材仍采用“保底 - 分流”方案，其鲜明特点是将龙驭球于 2012 年创立的最新科研成果编入教材，成为第Ⅱ册的第 14 章“结构矩阵分析续论”。其中包含三点创新内容：

① 创立“平衡 - 几何”矩阵互伴定理[1]。

② 创立刚度矩阵 $\boldsymbol{K}$ 的 3 个新算式。

③ 新增“矩阵冗力法”。

“平衡 - 几何”互伴定理揭示了“平衡分析”与“几何分析”两个不同领域之间深藏的互伴关系。过去在结构力学领域里深藏不露，少有人知。即使有人偶然碰到，也没有严密的论述和证明。龙驭球在耄耋之年，有此奇遇，喜获原创性科研成果，欣喜若狂，兴奋不已。当出版社寄来新版教材时，他手捧新书，情不自禁，乘兴赋诗一首，题名为“喜捧新版《结构力学》”。图 4-10 是清华大学土木系 2015 年书画展览会上龙驭球题诗的照片。

（4）第 9 轮教材开始采用纸质教材与电子教材立体交叉的新模式，

❶ 龙驭球．结构矩阵分析中的“平衡 - 几何”互伴定理 [J]. 工程力学，2012，29（5）：1-7.

于2018年8月出版，仍为两卷本，这是龙驭球92岁的新作（图4-11）。

（a）　　（b）　　（c）

图4-10　2012年《结构力学》

（a）结构力学Ⅰ——基本教程（第3版）；（b）结构力学Ⅱ——专题教程（第3版）；（c）七言诗——喜捧新版《结构力学》

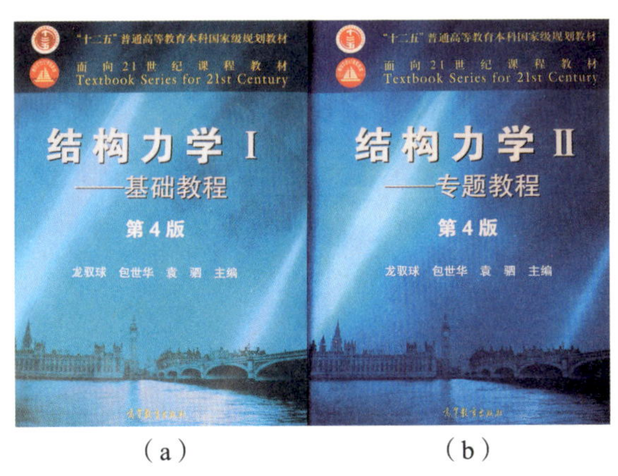

（a）　　（b）

图4-11　2018年《结构力学》

（a）结构力学Ⅰ——基础教程（第4版）；（b）结构力学Ⅱ——专题教程（第4版）

（5）第10轮教材为第9轮教材的增订本和精装全本。

三、科研上有原创——开拓学科新领域

上面讲了"境界三提升"中的第一个方面（教学上出精品），现

在接着讲第二个方面（科研上有原创）。把二者合起来，就是一副对联：

教学与科研齐飞

课堂与论文呼应

课堂上总是讲前人和别人的创新成果，不论讲得如何精彩，总是感觉缺少一点激情的迸发，学生听了也觉得缺少一种亲临其境的参与感受。如果在课堂里、在教材中讲点自己的首创成果、精辟论点和创新感悟，那肯定会产生不同的效果，那是亲身经历、现身说法呀！所以，“科研上有原创”，这是优秀教材必备的一种本质，不可或缺。

20 世纪以来，传统力学向计算力学的转变，这是学科发展的一条主线。龙驭球把沿此方向取得的科研成果写进教材，提高品位，下面列出五方面的创新成果。

（一）能量原理三项成果的创立

1. 创立分区混合能量原理

在超静定结构的解法中，除力法和位移法外，苏联教材中还讲述“分区混合法”。分区混合法的特点是：把结构分为两部分：一部分按力法分析；另一部分按位移法分析，兼有力法和位移法的双重优点。遗憾的是：与分区混合法对应的能量原理却长时间地躲在暗处不肯露面，令学人焦急等待。直至几十年后的 1980 年，龙驭球在《全国弹性与塑性力学学术会议论文集》上发表分区混合能量原理的论文，这个局面才算结束。从此以后，分区混合法不再感到孤单，有分区混合能量原理与它作伴，形影相随。

从 1981 年起，龙驭球团队已将分区混合能量原理写进结构力学教材[1]，第一次实现了教材中要蕴含自创成果的心愿。

分区混合能量原理在结构力学领域创立后，龙驭球又相继创立了弹性力学、薄板、厚板和扁薄壳等领域的分区混合能量原理，并在此基础上创立了分区混合有限元法，用以解算裂缝问题和V形切口问题。

2. 创立势能与余能偏导数定理[2]

卡氏第一定理和卡氏第二定理是经典力学中的两个著名定理，即两个关于应变能的偏导数定理，分别用于求结构的约束力或结构的位移。

龙驭球团队在教材中将卡氏第一定理和卡氏第二定理加以推广。首次给出势能偏导数定理和余能偏导数定理[3]。与卡氏定理相比，这两个新定理具有更广泛的应用价值和理论意义。

由势能偏导数定理可以得出许多重要推论，包括单位位移法、势能驻值原理和卡氏第一定理。

由余能偏导数定理可以得出许多重要推论，包括单位荷载法、余能驻值原理、克罗蒂 - 恩格塞定理和卡氏第二定理。

3. 创立分区混合能量偏导数定理

龙驭球在《第四届全国结构工程学术会议论文集》上发表论文“分区混合能量偏导数定理”。这个新定理把上述三项成果（即分区混

---

❶ 龙驭球，包世华 . 结构力学（上、下册）[M]. 北京：人民教育出版社，1981. 即表 4-1 中的第 3 轮教材 .

❷ 龙驭球，包世华，匡文起，袁驷 . 结构力学（I、II）[M]. 3 版 . 北京：高等教育出版社，2012. 即表 4-1 中的第 8 轮教材 .

❸ 龙驭球，包世华，支秉琛，匡文起 . 结构力学（上、下册）[M]. 2 版 . 北京：高等教育出版社，1996. 即表 4-1 中的第 5 轮教材 .

合能量原理，势能偏导数定理以及余能偏导数定理）都看作它的特例和推论，因而具有更高一层的理论和应用价值。

以上介绍了写进教材的有关能量原理方面的原创科研成果，既显示了学术上的高水平，又体现了教材的新风格。

（二）“平衡 - 几何”矩阵互伴定理的揭示和论证

2012 年龙驭球在《工程力学》第 29 卷第 5 期上发表论文“结构矩阵分析中的‘平衡 - 几何’互伴定理”。这个定理揭示了“平衡分析”与“几何分析”两个领域之间深藏的互伴关系。

龙驭球团队将此定理写进第 8 轮教材，新设一章（第 14 章：结构矩阵分析续论），这项最新科研成果的引入，使教材的学术品位增辉增色。

（三）结构矩阵分析的新进展

在第 8 轮教材新编的第 14 章里，利用“平衡 - 几何”矩阵互伴定理，创立了刚度矩阵 $\boldsymbol{K}$ 的 3 个新算式。新旧算式交相辉映，相得益彰。

有关结构矩阵分析的内容，过去的教材只讲矩阵位移法，显得有些单调。为了改变“单打一”的局面，龙驭球团队在第 8 轮教材新编的第 14 章中增加了“矩阵冗力法”。两种方法都讲，开阔视野，基础更牢，有利于“两条腿走路”。在讲矩阵冗力法之前，先建立了“变形相容矩阵方程”，有了理论准备，学生对矩阵冗力法就容易理解了。

以上介绍了在结构矩阵分析方面的科研成果，这是 2012 年收获的“新成果”。

（四）“结构力学求解器”的研制

龙驭球团队还研制出与教材完全配套的计算软件“结构力学求

解器”[1]，由袁驷及其小组完成。其特点是求解内容涵盖了教材各章的问题，包括几何构造分析，静定与超静定结构分析（内力、位移、影响线、包络图）以及振动、稳定、极限荷载等专题内容，而且全部采用精确算法，给出精确结果。

求解器的基本功能是提供一个计算求解结构力学问题的强有力的工具。此外还有其他多项功能：

（1）用求解器求解大型结构，对其受力特性有直观感受；

（2）用求解器求解传统方法难以求解的问题；

（3）用静态图形显示内力图、变形图，用动画显示结构振动形态；

（4）让求解器答疑，充当全勤教师。

研制“结构力学求解器”的心愿是“把烦琐交给求解器，我们留下创造力！”

（五）基于“常微分方程求解器”的半解析法

目前，分析大型结构的通常方法是离散化方法。龙驭球团队认为，除离散法外，还应发展半解析法。半解析法的优点是解析法与离散法并用，兼有二者所长。应用半解析法的一个成功例子是包世华创立的基于“常微分方程求解器”的半解析法，用于求解结构振动与稳定问题[2]。这个半解析法取得成功的原因是现在已经研制出了功能很强的常微分方程求解器（ordinary differential equation solver，ODES），能对常微分方程组进行自适应求解，满足用户预先指定的精度要求。此半解析法包含两步，第一步建立结构振动或稳定的常微分方程组，由力

[1] 参见随书所附光盘。

[2] 参见第 8 轮教材的 15.5 节和 16.6 节。

学专家完成。第二步，求出常微分方程组的数值解，交给 ODE 求解器完成。总之，在 ODE 求解器的支撑下，包世华解决了高层建筑结构有关静力、动力、稳定以及二阶分析的多种复杂问题。

四、方法上论道——提升哲理素养

上面两节讲了“境界三提升”中的前两个方面（教学上出精品，科研上有原创），下面接着讲第三个方面（方法上论道）。

方法上论道，其目的是想结合课程的力学具体内容来讲述方法论，借以提高学生的哲理素养。在教材中龙驭球特意增加专门章节用来系统讲述学习方法和方法论。以 2012 年 8 月出版的《结构力学》为例，特意安排专门章节如下：

上册第 1 章第 5 节——专论“学习方法”。

下册第 18 章（全章）——专论“结构力学与方法论”。

这些章节是龙驭球心血之作，蕴含他长期的构思感悟与乐趣。有兴趣的读者可以参阅原文，这里只对有关“学习方法”中的内容作一简介。

“爱学”和“会学”是有效学习的两块基石：爱学，即让学习成为一种乐趣和牵挂，让“阅读”成为“悦读”，因为“热爱是最好的老师”。会学，即学习要讲究方法，精通治学之道。

关于学习方法，华罗庚院士对此有形象比喻：由薄到厚、再由厚到薄。由薄到厚是指知识的摄取和积累，是加法。由厚到薄是知识的提炼与提升，是减法。在学习中，要会加会减，减法似乎比加法更难、更重要。

在学习中，还要善问、会用及创新。做学问，要既学又问，问是学习的一把钥匙。学与用要结合，在学中用，在用中学，用是学的继续、检验和深化。在学习中要有创新意识，要不断创新。

（一）加法——勤于积累、善于积累

1. 勤于积累——集腋成裘

摄取和积累知识是培养能力的基础，也是研究创新的基础。日积月累，集腋成裘，学习要勤奋，要有韧性。

“一分神来，九分汗下”（郭沫若），学习要舍得流汗，肯下笨功夫。“凡是有大成功的人，都是绝顶聪明而肯作笨功夫的人”（胡适）。“越是聪明人越懂得下笨功夫”（钱锺书）。

2. 善于积累——寻脉结网

积累的知识要用心梳理，寻出脉络，使之条理化；要左右联系，前后呼应，使之融会贯通，连缀成网。这样精心积累的知识才会成为一个脉络清晰、有主有次、有目有纲的知识网，才便于存储、提取与驾驭。

在数学语言和力学语言之间要学会翻译：把抽象的数学公式翻译成具体生动的物理概念；把直观的力学思路翻译成严密的数学程序。翻译，实际上是在两点之间连一根线，是结网的基本环节。

3. 善于积累——落地生根

把别人的、书本上的知识变成自己的，化他为己，这样的知识才是牢靠的，生了根的。牛吃草，变成奶，也就是化他为己。把新学来的知识融化在自己已有的知识结构上，把“故”作为“新”的基地，使“新”在“故”上生根发芽成长。

（二）减法——由博返约

加法是基础，减法是提升。加减加减，螺旋上升。会减法，是指具有“由博返约”的能力，或者说，有把厚书读薄的能力。回想在小学上算术课，六年读了十二本书，摞在一起，是很厚的了。经过消化，现在留在脑子里的精华也就是简单的几条，这就称为“由博返约”，把厚书读薄了。

有人说：“学问，就是学习后大部分都忘了而剩下的东西。”《老子》说：“为学曰益，为道曰损。”指的是：积累知识用加法，提炼规律用减法。“由博返约”的能力包含下列几个方面：

1. 概括的能力

把一章的内容能概括成三言两语，对一门课程能整理出它的主要脉络，描写人物能勾画特征，画龙会点睛。大法不繁——每一个理论深处，都有一个核心在支撑着。看准核心，一点就破，一点就通。正是：

宏文读罢谁点破

全龙画毕待点睛

会健忘才会真不忘。“一种健康的健忘，千头万绪简化为二三事，留在记忆里，节省了不少心力”（钱锺书）。

2. 简化的能力

简化分为盲目简化和合理简化。

盲目简化——不分主次，乱剪乱砍。

合理简化——分清主次，剪枝留干。

选取结构计算简图是结构力学的基本功。不会简略估算、定性判断，是很危险的。

郑板桥写过一副对联，上联是“删繁就简三秋树”。树只有自动落叶，进行简化，才会过冬，才会立于不败之地。

3. 提纲挈领的能力

学习和积累的知识，要形成一个知识系统，要培养提纲挈领、统率全局的能力，达到纲举目张、灵活驾驭的目的。

一本书中有许多章、节，知识点很多，这些都是“目”。要能够抓住指导全书的基本思路，统率全书的核心策略，贯穿全书的那根主线，这就是“纲”，举一纲而万目张。这样才能放得开，提得起；才能进得去，出得来；才能深入浅出。

4. 弃形取神的能力

“余画小鸡二十年，十年得形似，十年得神似”（齐白石）。画家讲究形似，更推崇神似，讲究弃形取神。

在治学和科研中同样要培养由表入里、弃形取神的能力。

个别到一般。舍弃千差万别的个性和特殊性，摘取其中的共性和普遍性。

具体到抽象。舍弃不同问题的具体性,提炼成一般原理的抽象性。

现象到规律。揭开现象的表面形态，洞察出深藏的本质和内在的规律。

温故到创新。拆除旧观念的篱笆，标新立异，另辟新路，开拓新领域。

“弃形取神”有时也叫“得意忘形”。但要区分两种情况：为人忌浅薄，不要得意忘形；为学重神似，偏爱得意忘形。

（三）善问——多问、追问、会问、学问

1. 多问出智慧

学习中要多问，多打几个问号。“？”像一把钥匙，一把开启心扉和科学迷宫的钥匙。

学习中提不出问题是最大的问题。从学生提出的问题里可以了解他学习的深浅。发现问题是好事，抓住了隐藏的问题是学习深化的表现。知惑才能解惑。学习和研究就是知惑和解惑的过程。正确敏锐地提出科学问题，是创新的开端。D. 希尔伯特（D. Hilbert) 1900 年向数学界提出了 23 个有待解决的问题，称为 Hilbert 问题。100 多年来吸引了无数数学家的目光，为数学学科开疆辟土，缔造了 20 世纪数学的辉煌。

2. 追问与问自己

重要的问题要抓住不放，要层层剥笋，穷追紧逼，把深藏的核心问题解决了，才能达到“柳暗花明”的境界。这就是提问中的减法。溯河到源，剥笋至心。追到核心处，豁然得贯通。

问老师、问别人，更要问自己。好老师注意启发性，引导思考，为学生留出思考的空间。学习时要勤于思考，善于思考，为自己开辟思考的空间。听说有位女作家的绝活是会“发呆”，这是她灵感突然降临，脑子里电闪雷鸣，文思有如泉涌时的表情。

3. 会提问题与会解问题

解惑，先要心中有惑。攻关，先要目中有关。

“提出一个问题往往比解决一个问题更为重要”（爱因斯坦）。

“老师会出题比学生会解题要高明一步，希望中国的数学家出题

目给外国人做，而不是跟着外国人走”（吴文俊）。

4. 学问与学答

应试型教育，只强调“学答”（对已有答案的问题，背诵或重述其答案）。创新型教育，要学、更要问（包括尚无答案的问题）。

“做学问，需学、问，只学答，非学问”（李政道）。

（四）会用——用能生巧

“学而时习之”（论语）。学习 = 学 + 习。

什么是“习”，通常把“习”理解为复习，更准确些应把“习”理解为用，理解为实践。练习、实习、演习、习题、习作等都是“习”，也就是用，应用和实践。

“用”是“学”的继续、深化和检验。与“学”相比，“用”有更丰富的内涵。

多面性：把知识应用于解决各式各样的问题，把单面的知识化为多面的知识。

综合性：处理问题时，要综合应用多种方法和知识。分门别类地学，综合优选地用。

反思性：正面学，反面用。计算时由因到果，校核时由果到因。

跳跃性：循规蹈矩地学，跳跃式地用。

灵活性：初学未用的知识往往是呆板的，反复应用过的知识就变活了，用能生巧。

牢固性：反复应用过的知识是牢固的，令人经久难忘。

悟性：学习可以获得言传的知识，应用可以体验难以言传的悟性。

检验性：学来的知识是真懂、半懂还是不懂，考几道题就能分辨出来了。

“理论是灰色的，生命之树常青”。这句话也可以用来比喻学和用的区别。

（五）创新——求实创新、破茧化蝶

科学精神的精髓是求实创新。创新是学习的更高境界。

1. 创新与破旧

学习既要钻进去，洞察深藏的本质；还要走出来，发现新的天地。“以最大的精力打进去，以最大的勇气打出来”（李可染）。破茧化蝶，破茧是要有勇气的。

学习不能止于记诵和模仿。“学我者生，似我者死”（齐白石）。“似我”，就是从“我”这里走不出来。

会读书的人能把书读破，把书中的破绽揭示出来。“读书破万卷，下笔如有神”（杜甫）。只有读破了，才能读出新意，才会有神来之笔。

2. 创新与求实

创新不能违反客观规律。在求实中创新，“出新意于法度之中”（苏轼）。在客观规律的容许之下，创造力有充分的自由活动空间。

3. 创新意识

创新意识要贯穿在整个学习过程中，在加、减、问、用各个方面都要着眼于创新，有心于创新。

加：在继承中创新。每项创新成果都吸取了前人的成果，像牛顿那样站在巨人肩上才能看得更远。广采厚积是创新的基础。

减：在“去粗取精，弃形取神”的减法过程中要注意“去”和“弃”。在“推陈出新、破旧立新”的创新过程中要注意“推”和“破”。二者是相通的。

问:在已有知识中发现疑点，感到困惑是走向解惑和创新的起点。创新是善问巧思的回报。

用：在应用和实践中对已有知识进行检验，发现其中的不足而加以改进，这就是创新。实践为创新提供了机遇。

综上所述，可归纳为五句话：

加——广采厚积，织网生根（博学）。

减——去粗取精，弃形取神（学识）。

问——勤思善问，开启迷宫（学问）。

用——实践检验，多用巧生（学习）。

创新——觅真理立巨人肩上，出新意于法度之中（读破）。

（六）余论四则

1. 学习的“三品位”

第一是读博——对应于“加法”，是学习的基础。

第二是读薄和读活——对应于“减法”“善问”“会用”，是学习的提炼和提升。

第三是读破——对应于“创新”（读出新意），是学习的升华和超越。

2011 年《世纪清华院士寄语》中有一段话：

读书三品位——

读博以培根；

读薄以求精；

读破以创新。

这段寄语，赢得“博、薄、破之歌”的雅名。

2.《老子》论博

博者不知，

知者不博。

注解：博是基础，很重要，但不是高境界。有真知灼见的是不会停留在博的低境界的。

3.《西游记》的读薄和读破

读薄——把全书归结为八个字：

八十一劫，一部残经。

注解：最后一劫的情节是：水怪翻船，经书下河，江岸晒经，经书残破。

读破（超出作者原意，读出新意）——书，包括经书，本来就是残破的，这样才能发展，才有创新（将小说《西游记》引申为“学习方法论”的形象化教材，想必是作者吴承恩原先也没有想到的）。

4. 学而后知“两不足”

经过学习，才悟到“两不足”：一是自己已有的知识还不足；二是人类已有的知识还不足。

一不足，需读博而读薄；二不足，需读破以创新。

五、教材获五奖，科技摘星辰

写教材的目的是传道育人，桃李芬芳是对教师和对教材的最高奖誉。

1. 育人规模

全国有近三百所高校采用龙驭球团队编写的系列教材作为结构力学课程教材，使用的专业包括土木工程、水利水电工程、道路桥梁工程、房屋建筑工程以及部分力学专业。有五十多届的大学生都是读着这套教材迈进了结构工程的大门。此外还有大批硕士生、博士生、工程技术人员在研修和深读。由于中国是大学生数量大国、研究生数量大国，所以我们有最大规模的读者群体。

2. 出版规模

以清华结构力学第 6、7、8 轮教材为例。

第 6 轮教材（2000 年版）——11 年间（从 2000 年 7 月出版到 2011 年底），卷 1 为 30 万册，卷 2 为 21 万册，共 51 万册；

第 7 轮教材（2006 年版）——5 年间（从 2006 年 12 月出版到 2011 年底），卷 1 为 19 万册，卷 2 为 10 万册，共 29 万册；

第 8 轮教材（2012 年版）——4 年间（从 2012 年 8 月出版到 2017 年 1 月），卷 1 为 20 万册，卷 2 为 9 万册，共 29 万册，合计 109 万册。

一门专业基础类课程的教材在 17 年间销售 109 万册，只有中国才有这种可能。

3. 教材奖励

本教材系列经过半个世纪的锤炼，精益求精，赢得了广泛赞誉：5 次获优秀教材奖（1988 年，1992 年，1998 年，2002 年，2007 年），还荣获国家科技进步奖（1999 年），真是把天上的星星都摘来了（参见附录 4 获奖目录）。

4. 学界赞誉

东南大学吕志涛院士、浙江大学董石麟院士和大连理工大学林皋院士给予高度评价，认为是“我国当今结构力学教材中影响最为广泛的经典之作”。高校结构力学课程指导小组推荐第 5 轮教材（1994 年版《结构力学（上册）》及 1996 年版《结构力学（下册）》）为重点优秀教材，副组长姜弘道教授认为是“学生喜读，教师爱教，数十年教学经验铸成的教材精品”。

5. 薪火相传

龙驭球团队致力于教材建设也是从教研室的先贤蔡方荫、金涛、杨式德等先生那里继承过来的。另外，一套教材能够达到“10 轮出版 19 卷”的规模，也是因为有个团队集体合作。

图 4-12 是两个老搭档、老园丁的合影。

图 4-12　园丁身后是桃红（左龙驭球，右包世华）

六、中国特色、世界一流

我们写教材要有自信：自信能够写出中国特色，达到世界一流；相信“后来居上”是常态，是常理。

1. 要有自信，还要学会自赏

中国经历了百余年苦难，被外国人瞧不起，不少人自己也丧失了自信心。现在中国崛起，走上民族复兴之路，斗志昂扬，信心满怀。正如习近平总书记说的：“当今世界要说哪个政党、哪个国家、哪个民族最能够自信的话，那中国共产党、中华人民共和国、中华民族是最有理由自信的。”

在编写教材的岁月里，龙先生常说：“要有自信，要学会欣赏自己。”他曾引文学家汪曾祺作例子。汪老常说：“一个人要学会自我欣赏。”据说，有一天他写东西，文思涌动，写得很顺，自己很欣赏。他把笔一放，在屋子里转圈，对自己说：“你小子还真有两下子！”话说回来，他要是没有两下子，当什么作家啊！龙先生在过86岁生日的时候，收到2012年新出版的《结构力学》，情不自禁，学着汪老的样子说：“你这老头儿还真有两下子！”——这是自信的喜悦。如果连自己都不欣赏，干吗还要让学生去学啊！

2. “后来居上”是常理

编写结构力学教材，我们中国是后来者。但我们相信“后来居上”这个常理，这可以从下面几点进行思考，作出判断。

中国的写书人舍得花力气。中国文人有“新诗改罢自长吟，语不惊人死不休”的传统。“一书九改头飞雪”，这样的作者及其团队在中国也不乏其人。这样的后来者也有点“可畏”吧！

中国的大学生和科技人才规模宏大，求知若渴，有这样的读者群体，中国教材能不出精品吗？

一个教学科研团队受到国家和政府24次奖励（参见附录4获奖目录），一本结构力学教材获得国家科技进步奖，这种氛围能不令人鼓舞吗？

在教材建设中提出三目标（教学上求精，科研上创新，方法上论道）并认真践行。这个方案是否体现了教材的中国特色？

薪火相传，后薪居上，本是常态，不足为怪。既要有“当仁不让”的信念，又要有“前薪捧后薪”的襟怀。

第五章 “壳体结构”创新法
——制定薄壳设计规程，获中国工程科技奖

一、与壳体结构结下不解之缘

龙驭球在进行结构力学教学的同时，还师从张维教授开展壳体结构力学方面的研究，并两次参加薄壳设计规程的制定工作。在半个世纪里与壳体结构结下了不解之缘。

（一）结缘从编辑《壳体结构文汇》开始

20 世纪 50 年代，张维先生着手主编《壳体结构文汇》，由中国工业出版社出版，采取不定期的出版形式，在 1958—1965 年期间，总共出版了 5 册（图 5-1）。

图 5-1 《壳体结构文汇》第一册（1958 年）

张维在序言中写道：“壳体结构是近三十余年来得到巨大发展的一种结构形式，第二次世界大战以后，壳体结构的应用范围更加扩大。本文汇的刊行，就是要配合国家建设委员会和科学工作委员会关于科学研究计划中壳体结构这

一中心问题，及时向工程技术人员介绍一些国外比较重要的有关壳体结构的文献资料。”

张维先生约请当时国内研究壳体结构的专家张有龄、何广乾等组成编委会。龙驭球也被列入编委名单中，是编委中年纪最小的一位。龙驭球受此重任，在认真做好编辑工作的同时，对壳体结构这门新兴学科产生了浓厚的兴趣，如饥似渴地学习，夜以继日地研究，并取得创新成果。他时刻感到，有一双温暖的目光在注视和关怀他的迅速成长，并下定决心不要辜负这一片关怀和爱心。

（二）出版高校教材《壳体结构概论》

清华大学结构力学教研室杨式德、龙驭球、古国纪合编的《壳体结构概论》于 1963 年 8 月由人民教育出版社出版。这是我国出版的第一本关于壳体结构的高校教材，其中介绍了我国学者何广乾、胡海昌有关扁壳算法的科研成果，以及龙驭球有关柱壳和折板结构力法理论的科研成果（图 5-2）。

图 5-2 《壳体结构概论》（1963 年）

（三）半个世纪的结缘与收获

龙先生潜心研究壳体结构长达半个世纪，取得四个方面的收获：

（1）创立壳体结构四种实用解析解法；

（2）应用能量法与有限元法求解复杂壳体问题；

（3）两次参加国家薄壳设计规程的制定；

（4）2000 年获中国工程科技奖。

二、创立壳体结构四种实用解析解法

在有限元法兴起之前，壳体力学的传统解法是解析解法。从 1962 年起，龙驭球创立了壳体力学解析解法的四种新解法，具有两个特点：一是方法简便实用，工程设计人员乐于使用；二是把基础力学和数学中一些常用方法移植到壳体力学中来，从而收到便于理解和简洁实用的效果。在表 5-1 中列出了这四种新解法。

表 5-1　壳体结构四种新解法简介

四种新解法	发表年代	方法的来龙去脉
柱壳与折板结构的力法	1962	从结构力学移来
圆底扁球壳的初参数法	1964	从材料力学移来
扁壳应力集中问题的摄动法	1965	从数学移来
圆底扁球壳在六种偏心集中荷载下的解析解	1981	从扁球壳初参数法得来

（一）柱壳与折板结构的力法（1962 年）

力法是结构力学中的经典方法，用于分析超静定杆件结构的一种最古老、最基本的方法。龙驭球将此经典方法加以创造性发展，成为分析折板结构和柱壳结构的利器。

1962 年龙驭球在《清华大学学报（自然科学版）》第 9 卷第 5 期上发表论文“按力法计算折壳和柱壳”，1964 年又在《土木工程学报》第 10 卷第 3 期上发表论文“用力法计算折板结构”。这是他在壳体结构研究中提出的第一个新的实用解析解法。

论文讨论了具有任意横截面形式的中等长度折板结构和柱壳结构的计算方案，推导了基本微分方程，给出了各种边界条件下的解法。

由于计算原理与步骤与经典的力法相似，因而易于理解和应用。

苏联符拉索夫（В. З. Власов）院士曾于 1958 年提出折板结构的混合法方案。对于由 n 块板组成的开口折板结构，其基本未知量个数为 $2n-2$；而龙先生提出的力法，其基本未知量个数则减少为 $n-3$，由此显示出其优越性。

这里的“折板结构力法”是从“杆件结构力法”演变移植过来的。这两种方法属于同一大类方法(力法),它们是力法应用于不同领域(杆件结构、折板结构)而得到的两个具体事例。二者的关系如图 5-3 所示。

图 5-3　力法的异域移植图

应当指出，异域移植并不是原封不动地整体搬移。比如要把水仙花从遥远的南方福建移植到寒冷的北方来，为了保证存活率，应当只移根、不带叶。异域移植法的精髓是“弃叶移根”，或者说“换形传神”。因此，准确地说，应该称为“传神换形移植法”，这里有两个要点：

（1）任何事物都可分解为两部分——“表象与内核”，或“事与理”，或“形与神”。

（2）把两者加以区别对待——“剥表象而取内核”，或“析事而求理”，或“换形而传神”。

经过“神形分解”、“传神换形”和“神形再合成”三个步骤之后，由图 5-3 的“异域移植图”可得到图 5-4 的“传神换形路线图”。

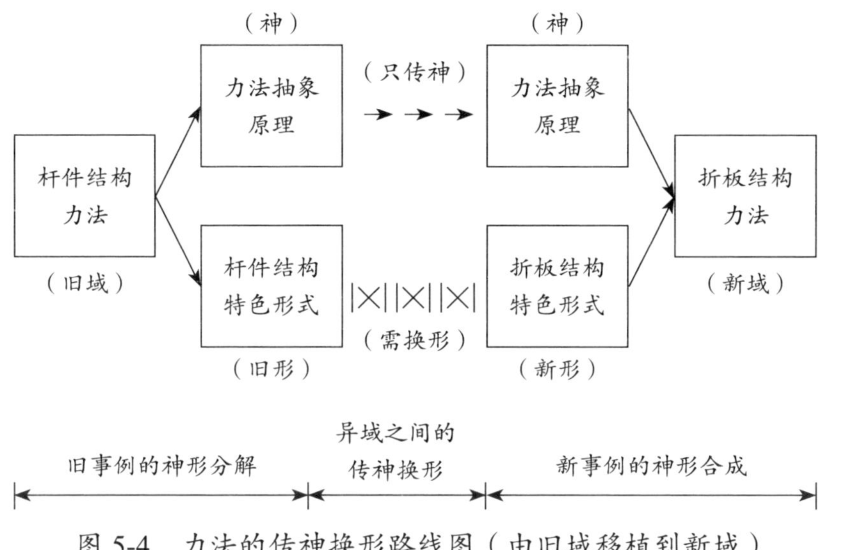

图 5-4　力法的传神换形路线图（由旧域移植到新域）

图 5-4 包含三个步骤，现分述于下：

（步骤 1）旧事例的神形分解。对杆件结构力法进行分解：

旧事例的神形分解 → 抽象的神——抽象而普适的力法原理
旧事例的神形分解 → 具象的形——具象而有特色的杆件结构形式

（步骤 2）异域之间的传神换形。在异域移植时，对神与形应当区别对待：

只传神——专门对神进行传递。

需换形——放弃旧形，改换新形。

（步骤 3）新事例的神形合成。对折板结构力法进行合成。

接过神——抽象而普适的力法原理
配新形——具象而有特色的折板结构形式
→ 合成新事例

（二）圆底扁球壳的初参数法（1964 年）

龙驭球于 1964 年在《清华大学学报（自然科学版）》第 11 卷第

2 期上发表论文“圆底扁球壳的初参数解法”。1965 年增订后又被推荐在《高等学校自然科学学报（数学、力学、天文学报）》第 1 卷第 2 期上发表。这是他在壳体结构研究中提出的第二个新的实用解析解法。

初参数法过去只在材料力学中求梁的内力和位移时介绍过。梁的基本微分方程是 4 阶，微分方程的通解含有 4 个积分常数。初参数法的要点是把积分常数改用初参数（初始截面上的位移和内力参数）来表示。这种作法有两个优点：①积分常数有明确的物理意义，易于理解。②可以根据初参数的物理意义寻求简化途径。龙先生运用异域移植法把初参数法从简单的梁领域移植到复杂的圆底扁球壳领域，从而为圆底扁球壳力学提供了简便实用的新解法。

关于梁与球壳力学问题的主要区别分列于表 5-2 中。

表 5-2　梁与球壳力学问题的主要区别

	梁的力学问题	球壳力学问题
结构类型	一维（线型）结构	二维（面型）结构
常用的坐标系	单坐标（x）	双坐标 (r, θ) 或（x, y）
所求未知量 $w(x)$（位移或内力）	单变量函数 $w=w(x)$	双变量函数 $w=w(r, \theta)$
基本微分方程	常微分方程	偏微分方程

由表 5-2 看出，梁与球壳的基本区别是：

梁的核心问题是求解单变量函数 $w(x)$ 的问题。初参数法是这类问题的最优解法。

球壳的核心问题是求解双变量函数 $w(r, \theta)$ 的问题。初参数法还无法直接应用，必须分两步走：

第一步，将双变量函数 $w(r, \theta)$ 沿环向（沿 θ 方向）展开成三角级数：

$$w(r,\theta)=\sum_{n} w_n(r)\begin{pmatrix}\sin n\theta \\ \cos n\theta\end{pmatrix} \tag{5-1}$$

这样就把求解双变量函数 $w(r, \theta)$ 的问题转化为求解一组单变量函数 $w_n(r)$ 的问题（n=1,2,⋯）。

第二步，由于问题已经简化为求解单变量函数 $w_n(r)$ 的问题，因此，初参数法就可以直接应用，问题就迎刃而解了。

这里，第一步只是为初参数法的应用作好必要的准备，第二步才是初参数法的直接应用。

在上述论文中，还给出了环形扁球壳在各种荷载作用下的新解答，并在我国薄壳设计规程中加以介绍。

（三）扁壳应力集中问题的摄动法（1965 年）

1965 年龙驭球和张铜生在《力学学报》第 8 卷第 2 期上发表论文“椭圆抛物面扁壳某些应力集中问题”。采用的方法是摄动法，摄动法是从数学中移植过来的。这是他在壳体结构研究中提出的第三个新的实用解析解法。

壳体应力集中问题主要包括两类问题：一是在集中荷载附近的应力集中问题；二是在圆孔附近的应力集中问题。过去的文献对前一类问题多限于球壳和柱壳，对后一类问题多限于小孔口问题。龙驭球等在论文中从两方面开拓了研究范围，扩大了战果：一方面是从球壳和柱壳扩大到椭圆抛物面壳；另外一方面是从小孔口问题扩大到大孔口问题。

如何把研究工作从球壳扩大到椭圆抛物面壳（简称双曲壳）呢？其基本思路是：首先把球壳看作一系列双曲壳中的一个特例，然后应用摄动法，用球壳的解构造出双曲壳的解。其详细步骤如下：

第一步，从壳面几何学来看，球壳是一系列双曲壳中的一个特例。

在任意壳面的每个点有两个主曲率 k_1 和 k_2。

当 $k_1 \neq k_2$ 时，称为双曲壳；

当 $k_1 = k_2$ 时，称为球壳；

当 $k_2 = 0$ 时，称为柱壳。

如果令

$$\varepsilon = \frac{k_1 - k_2}{k_1 + k_2} \tag{5-2}$$

则当 $\varepsilon = 0$ 时，称为球壳；

当 $0 < \varepsilon < 1$ 时，称为双曲壳；

当 $\varepsilon = 1$ 时，称为柱壳。

由此可知，球壳 ($\varepsilon = 0$) 和柱壳 ($\varepsilon = 1$) 是两个特例，双曲壳 ($0 < \varepsilon < 1$) 是介于球壳与柱壳之间的过渡形式。

第二步，从壳体力学基本方程来看，双曲壳方程是含任意参数 ε 的系列方程，而球壳方程则是双曲壳系列方程中的一个特例（当参数 ε 指定为零时的特例）。

第三步，对双曲壳基本方程求解时，可应用摄动法，将双曲壳基本方程的解 ψ 表示为参数 ε 的幂级数：

$$\psi = \sum_{n=0}^{\infty} \varepsilon^n \psi_n = \psi_0 + \varepsilon\psi_1 + \varepsilon^2\psi_2 + \cdots \tag{5-3}$$

其中，ψ_0，ψ_1，ψ_2，…都是球壳方程的解。ψ_0 称为初始解，ψ_1 与 ψ_2 分别称为第一次修正解与第二次修正解，余类推。

由式（5-3）看出，应用摄动法求解双曲壳问题有两个特点：

（1）求双曲壳解 ψ 的问题归结为求一系列球壳解 ψ_0，ψ_1，ψ_2，…的问题，取得“化难为易”的效果。

（2）求解过程是一个逐次修正过程。所需的修正次数越少，则其收敛性能越好。

论文中对两类应力集中问题进行了典型例题计算。算例表明，摄动法的收敛性能是相当良好的。在集中力问题中，一般只需进行三四次修正。对于常用范围$\left(0<\varepsilon<\frac{1}{3}\right)$的双曲壳，只需进行一次修正。在圆孔问题中，摄动法的收敛性比集中力问题还要好些，只需考虑一二次修正即可。

龙驭球从事壳体应力集中问题的研究，实际上也是导师张维先生科研工作要“入海”的组成部分。在《张维教授百年诞辰纪念文集》（清华大学出版社，2013 年）中曾提到背景材料如下：

张维多次提出清华大学的科研工作要“入海”。20 世纪 60 年代，张维亲自与国防部门联系，让龙驭球承担潜艇薄壳发射孔应力集中这个关键课题。龙驭球创立了薄壳大孔口问题的摄动法，突破了卢里耶和萨文方法只能用于小孔口问题的局限性，为改进我国海军舰艇设计做出了努力。20 世纪 80 年代，龙驭球又参与了张维所倡导的自主发展我国海洋工程设计研究工作，在承担国家经委科技攻关项目时，提出海洋平台管节点应力集中分析的厚壳元方法。

（四）圆底扁球壳在六种偏心集中荷载作用下的解析解（1981 年）

在 1964 年提出圆底扁球壳的初参数法之后，龙驭球就准备进一步探讨圆底扁球壳在偏心集中荷载作用下的解析解。由于“文革”的干扰，此项科研被推迟到 1981 年才由他和包世华最后完成。论文“圆底扁球壳在偏心集中载荷下的计算解”在《应用数学和力学学报》第 2 卷第 6 期上发表。文中得出了下列六种集中载荷作用下的解析解：①法向集中力；②经线切向集中力；③纬线切向集中力；④切面内集中力偶；⑤经线法面内集中力偶；⑥纬线法面内集中力偶。

以上是龙驭球团队在壳体结构研究中提出的四种解析解法，曾被编入我国薄壳设计规程有关条文中。

三、应用能量法与有限元法求解复杂壳体问题

龙驭球利用“文革”中的零碎时间，争分夺秒地自学在国外迅速发展的有限元法文献，于“文革”后期编写出一本有关有限元法的油印讲义。后来，终于迎来了“科学的春天”，于 1978 年 7 月由人民教育出版社出版了《有限元法概论》。出版后很快脱销，有的年轻学者只好自己动手，把“手抄本”置于案前，作为科研参考的圣物，一时在学界传为佳话。

龙驭球在“文革”后开展新型有限元法和新型能量变分原理的研究。他的部分早期科研成果就是把能量法和有限元法应用于攻克复杂壳体工程问题，例如：①用能量法求解高层建筑框筒结构问题；②用厚壳元法求解海洋平台管接头问题。现分述如下：

（一）高层建筑复杂框筒结构的能量法（1985 年）

1985 年龙驭球与辛克贵在《建筑结构学报》第 6 卷第 3 期上发表论文“多边形截面框筒结构的能量解法”。

高层建筑中的框筒结构是广义壳体结构的一种，框筒结构可换算成一个等效的筒壳。关于框筒结构在横向和扭转荷载下的简化计算问题，Coull 方法是框筒结构传统设计中的著名方法，但它也有不足之处。它的局限性有二：一是只能用于矩形截面形式，很难推广用于其他截面形式；二是只采用一个自应力参数，计算精度受到限制。龙

驭球按照力法计算折板结构的基本思路，以多个自应力参数作为基本未知函数，应用最小余能原理推导出相应的常微分方程组及其自然边界条件。与 Coull 方法相比，龙驭球论文的优点是不受上述两个方面的局限，即一方面不仅可用于矩形截面，还可用于任意多边形截面；另一方面由于采用多个自应力参数，从而可使精度得到提高，既可用于粗略计算，也可用于更精确的分析。从实例计算中看出，此法具有计算量较少，精度较高和适用性较广的优点。这样就使复杂形式的高层建筑框筒结构有了一个简明可靠的实用算法，促进高层建筑结构设计水平的提高。

（二）海洋平台管接头的厚壳元法（1986 年）

1986 年龙驭球及其博士生胡俭在 Offshore Mechanics and Arctic Engineering(OMAE) 第 5 次国际会议上发表论文“高精度厚壳元分析管接头应力集中问题”。后来又被收录在中国海上平台结点研究委员会的《海洋平台管结点应力分析研究文集》(中国造船编辑部，1987)。海洋平台结构是备受关注的复杂结构工程，其中管形壳体在接头处的应力集中问题更是极为复杂，由中国海上平台结点研究委员会等专门机构从事研究。一种常用算法是采用薄壳单元进行分析。龙驭球对这种算法提出质疑：认为管形壳体在整体上可认为是薄壳，但在管接头的局部区域则应采用厚壳单元进行分析。因此在论文中他们创立了一个高精度的三角形厚壳单元。计算结果与试验结果表明：与采用薄壳元的计算结果相比，采用厚壳元的计算结果与试验结果更为接近。

四、两次参加国家薄壳设计规程的制定

我国建设部在20世纪60年代和90年代曾两次编制钢筋混凝土薄壳结构的设计规程。龙先生受邀参加了这两次编制工作会议。

图5-5《钢筋混凝土薄壳顶盖及楼盖结构设计计算规程》（BJG 16—65）

第一次是1963年到1965年参加建设部《钢筋混凝土薄壳顶盖及楼盖结构设计计算规程》（BJG 16—65）（图5-5）的制定工作会议。龙驭球壳体研究组有关球壳开孔应力集中的科研成果，在规程中编入2.8节及表2.5和表2.6中。圆底扁球壳的研究论文也被列为规程第2章的参考文献，以供设计人员研究和应用。

图5-6《钢筋混凝土薄壳结构设计规程》（JGJ/T 22—98）

第二次是1992年到1998年参加制定《钢筋混凝土薄壳结构设计规程》（JGJ/T 22—98）（图5-6），作为中华人民共和国行业标准，由建设部批准，于1998年12月1日起在全国施行。龙驭球是这个规程的第二主要起草人（第一主要起草人是主编单位中国建筑科学研究院的何广乾先生）。龙驭球壳体科研组的一些科研成果，如扁球壳受偏心集

中荷载、圆孔应力集中等成果被编入该规程中。

科研成果的引入使设计规程的学术水平得到提高，对全国壳体结构工程的设计和建造发挥了重要作用。

龙驭球潜心于壳体结构研究多年，经历了不少曲折，倾注了大量心血，终于获得可喜成果——壳体的 6 种新算法。不但理论上有诸多创新，还为壳体设计规程所采纳，应用到工程实践中，这使他感到很欣慰。在和学生谈到从事科学研究的原则时，他强调“理论与实践紧密结合”，要为实现“力学为工程攻坚克难”的心愿而不断努力。

五、2000 年获中国工程科技奖

龙先生潜心研究壳体力学半个世纪，他的方针是“理论与实践结合，力学为工程解难。”这在下列诸方面都有体现：

（1）创立壳体多种新算法，都力求方法的简明实用性，以便工程设计人员乐于使用。

（2）选择国防潜艇和海洋平台工程亟待解决的疑难问题作为科研重点，为国解难分忧。

（3）参加我国薄壳设计规程的编制，为提高规程的学术水平而殚精竭虑。

2000 年 6 月 9 日举行我国两院院士大会，由李岚清副总理主持第三届中国工程科技奖的颁奖仪式。李副总理亲自给龙驭球颁发证书。图 5-7 是中国工程科技奖证书。

6 月 9 日晚在钓鱼台宾馆举行欢庆晚宴。龙驭球心潮澎湃、乘着酒兴，赋诗如下：

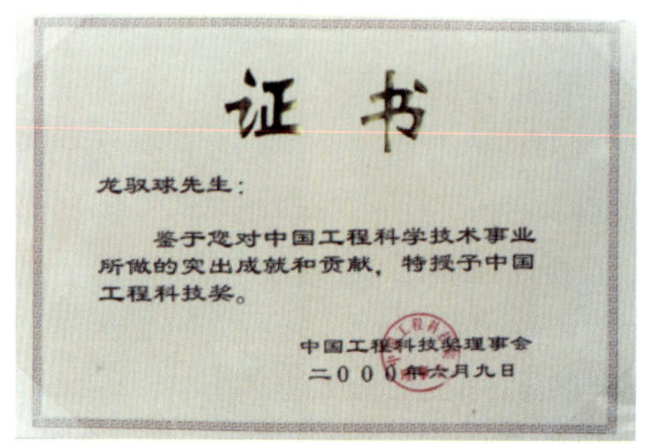
证书

龙驭球先生：

鉴于您对中国工程科学技术事业所做的突出成就和贡献，特授予中国工程科技奖。

中国工程科技奖理事会
二000年六月九日

图 5-7　中国工程科技奖证书

第三届中国工程科技奖授奖式有感（2000 年）

教学科研五十春，长宵伴读有星辰。

科研创新常思进，教材锤炼不厌精。

复兴中华世纪梦，繁荣科教日夜心。

生逢盛世不知老，白发飘飘更有神。

第六章 “有限元法”辟新境
——创立5类（116个）新元，获国家自然科学奖

一、新兴学科新景色
——创立分区能量原理与5类新元系列

近代计算机科学技术的发展对多种学科产生广泛影响。对力学学科来说，其影响就是：传统力学的转型以及新兴学科（计算力学、有限元法）的出现。

有限元法的精髓是离散化。首先将结构离散成多个单元，进行单元分析，从而收到“化整为零，化难为易”的效果。然后再将单元分析结果加以综合，得出结构的近似解答，从而收到“积零为整，集腋成裘”的效果。这样就在“一分一合，先分再合”的过程中得到问题的一种合理解答。

“文革”期间，清华大学教师在江西鲤鱼洲农场劳动，与世界科技发展完全绝缘。龙驭球从农场返校后，在晚间阅读外文文献时，才深感处境落后，形势逼人，时不我待，重任在肩。龙驭球下定决心：要日夜兼程，快步赶路；要攻坚克难，披荆斩棘；要补短与扬长并行，追赶与拓荒共进。于是学习计算机编程，研究能量变分原理，招收硕士、博士生，组织科学研究团队，艰辛耕耘四十多年，终于取得三

方面的收获。

（一）创立分区能量原理（又称分区广义变分原理）

1981 年首创分区能量原理，包括三种类型：

（1）分区势能原理；

（2）分区余能原理；

（3）分区混合能量原理。

分区能量原理是在传统的能量原理中引入离散化的分区概念而创立的新型能量原理。如果说，传统的能量原理是传统力学的理论基础，那么，分区能量原理则是有限元法的理论基础。

（二）创立 5 类新型有限元系列（含 116 个新元）

在分区能量原理的基础上，创立 5 类新型单元。

（1）广义协调位移元（1987 年提出）——由分区势能原理导出，已创立 54 个新元（其中薄板元 28 个，厚板与层合板元 11 个，膜元与壳元 15 个）。它是位移元的明珠，有限元的里程碑。

（2）分区混合元（1982 年提出）——由分区混合能量原理导出，已创立 9 个新元。它是研究断裂力学的利器。

（3）四边形面积坐标有限元（1997 年提出）——创立了四边形面积坐标新理论，从而构造出新型的四边形单元。其特点是：当四边形单元处于各种极端畸形情况下仍能保持计算精度的稳定性。在此基础上，还推广创立自然坐标有限元，统称为“对畸形不敏感的”高性能单元。已创立 24 个新元。

（4）解析试函数有限元（2001 年提出）——采用“基本的解析解”作为单元试函数而构造出的新型单元。其特点是将离散法与解析法互补融合，发挥双重优势。已创立 11 个新元。

（5）样条有限元（1984 年提出）——这是样条函数与有限元法相结合的产物。其特点是样条函数的高光滑性与有限元法的高灵活性的双优互补。已创立 18 个新元。

综合起来，共创立 5 类新型单元系列，包括 116 个高性能单元。参见表 6-1。

表 6-1　5 类（116 个）新元简介

5 类新元系列	首创年代	新元个数
广义协调元	1987	54
分区混合元	1982	9
自然坐标元	1997	24
解析试函数元	2001	11
样条元	1984	18
合计		116

（三）学术成果受到国际赞誉与国家奖励

龙先生出版了中文、英文专著 5 本，发表两百多篇学术论文，在国际学术界展现和传播中华智慧。进行 4 次学术突围，开拓学科新境界，在“米寿”喜庆时刻，迎来了国家自然科学奖。

二、广义协调位移元——位移元的冠冕明珠

有限元法中最常用的单元是位移型单元（简称位移元）。广义协调元属于位移元，它是位移元中的奇花，被国际学术界誉为位移元法中的里程碑式成就。

有限元法中的位移元在 1960 年由 Clough 等首先提出。传统的位移元中最常见的有两种——“精确协调元”和“非协调元”。它们

在单元边界位移“协调标准”上各走极端：前者设立了精确协调的过高标准，把许多优秀单元拒之门外。后者则对协调的最低标准没有设置任何底线要求，从而导致不收敛、不可靠的后果。于是有限元法的天空升起大片疑云，引人探索，待人破解，学术界呈现出争鸣景象。

在争鸣声中，龙驭球的“广义协调理论”脱颖而出，1987 年提出了既理论严谨又简便实用的方案，为破解“协调之谜”找到了优异答案。广义协调理论是从“精确协调元”和“非协调元”多处碰壁的实践中汲取教训而获得灵感的。他寻根问源，找出两者的理论缺陷和思维方法的片面性，进行合理的扬弃和创造，于是一种新的理论终于诞生。广义协调元不但可以保证收敛性，还构造出一系列的高性能单元。一方面解决了“非协调元”不保证收敛的难题，另一方面又发现了被“精确协调元”理论排斥在外的上百个优质单元模型。龙驭球和辛克贵于 1987 年在《土木工程学报》(第 20 卷第 1 期)上发表广义协调元的首篇论文。

从薄板元开始,广义协调理论先后于厚板、薄膜、薄壳、层合板壳、压电复合材料、稳定、振动、非线性等多种领域推广，涌现出 54 个高性能新单元，开拓出一片学科新领域，促进了学科发展，同时也为工程设计提供厚重支撑。

广义协调元法受到国内外广泛赞誉和肯定。国际土木与计算力学著名学者 Owen 教授（中国科学院、美国工程院、英国皇家科学院和工程院院士，英国 Swansea 大学教授）对广义协调元的评价是：“这是有限元法的里程碑式的成就”。美国两院院士、杂交有限元法的创立者、美国麻省理工学院卞学鐄（T.H.H. Pian）教授 1986 年在承德举行的“中美有限元学术会议”上听取了龙驭球关于广义协调元思想的报告后，认为这是一项既反映中国特色又具有国际先进水平的成果，同时还推荐首篇广义协调元英文论文于 1989 年在其主编的 *Finite Elements in Analysis and Design* 期刊上发表，并在其最新专著《多变量变分原理与多变量有限元方法》中用多个独立章节介绍广义协调元。中国科学院、英国皇家工程院、加拿大皇家学会院士，有限条法的创立者，香港大学原校长张佑启（Y.K. Cheung）教授在其发表的论文（IJNME, 1997）中评价道：“龙驭球等提出的广义协调四边形薄板弯曲单元可以被视为一种成功的满足收敛性要求的非协调元。”英国 Sheffield 大学土木与结构工程系系主任 Harm Askes 教授在论文（IJNME, 2010）中对龙驭球创立的带旋转自由度广义协调膜元进行了结构静动态收敛性实例测试，验证了广义协调元的优异性能。应 SCI 源刊 *Advances in Structural Engineering* 主编 J. M. Ko 教授邀请，龙驭球在其创刊号上发表了“广义协调元”的专论。

中国科学院石钟慈院士先后 9 次引用龙驭球的首篇广义协调元论文，在其论文（Chinese Annals of Mathematics, 1990）中针对广义协调元收敛性进行了研究，详细证明了广义协调元的收敛阶次比 Zienkiewicz（国际有限元大师）的单元高一阶。中国科学院院士、大连理工大学钟万勰、程耿东教授在论文“中国计算力学的回顾和展望”中对中国学者的贡献进行总结时，把广义协调元的原创成果与胡海昌院士的“胡 - 鹫津原理”、卞学鐄院士的“杂交元”、冯康院士的“有限元法数学基础”等成果列举在一起，作为中国学者几十年来在有限元领域作出的代表性贡献。

综合以上情况，可将广义协调元在有限元法学科中的地位和影响简述如下：

有限元法的核心是单元设计；

单元设计的主流是位移型单元；

位移型单元的冠冕是广义协调元；

广义协调元的理论明珠是分区势能原理。

三、分区混合有限元——断裂力学的良策奇方

先结合裂纹问题对分区混合有限元法作一简述。图 6-1（a）所示为一含有斜裂纹的受拉杆件，其应力特点是：在裂纹尖端附近为应力集中区，外围部分则为应力平缓区。两种区域同时并存且互相耦合，或者说，应力场具有“分区混合”的特征。

为了分析此难题，1982 年龙驭球首创了分区混合有限元法，图 6-1（b）所示为所用的网格：在应力集中区采用奇异的应力型单元，在应力平缓区采用常规的位移型单元，这是一个常规位移元区与奇异应力元区同时并存的耦合网格，或者说网格具有“分区混合”的特征。这也是分区混合有限元法命名的由来。

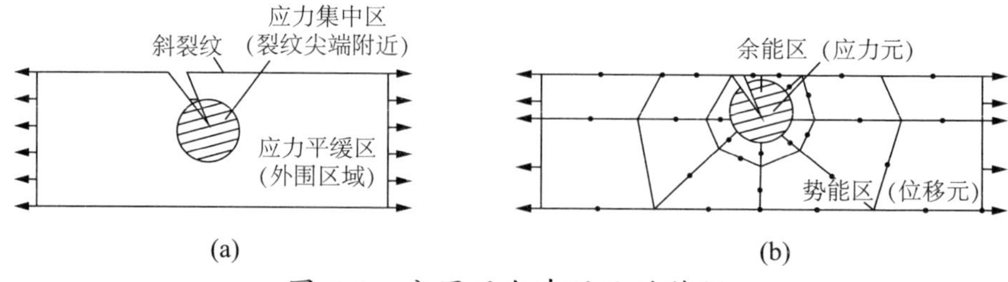

图 6-1　分区混合有限元的范例

(a) 裂纹问题（应力平缓区与应力集中区的并存耦合）；

(b) 分区混合元网格（常规位移元区与奇异应力元区的并存耦合）

分区混合有限元法的应用领域很广。它既是一种通用方法，通用于各种力学问题；同时，它最擅长的应用领域是处理应力场具有“分区混合”特征的问题，例如裂纹和切口问题。

分区混合有限元法的理论基础是分区混合变分原理。龙驭球曾按各类结构形式（二维、三维弹性体，薄板，厚板，扁壳）分别建立了相关的分区混合变分原理，从而为分区混合有限元法在各类结构形式中的应用打好了理论基础。

自 1982 年至 1994 年，龙驭球团队将分区混合有限元法用于分析 4 类裂纹问题和 5 类切口问题，构建了 9 种相应的特殊单元（表 6-2），为分析断裂力学问题提供奇方良策。

表 6-2　分区混合有限元目录（共 9 种）

	问题类型	单元名称（发表年代）
裂纹问题	1. I 型二维裂纹	SRM-C1(1982)
	2. 混合型二维裂纹	SRM-C2(1984)
	3. 厚板裂纹	SRM-C3(1988)
	4. 三维体表面裂纹	SRM-C4(1992)
V 形切口问题	5. 平面 V 形切口	SRM-V1(1991)
	6. 两种材料反平面 V 形切口	SRM-V2(1991)
	7. 两种材料平面 V 形切口	SRM-V3(1992)
	8. 厚板 V 形切口	SRM-V4(1992)
	9. 三维 V 形切口	SRM-V5(1994)

四、四边形面积坐标与自然坐标有限元 ——对畸形不敏感的新元系列

四边形元在有限元中应用较广，它的一个优点是形状多种多样，可以在各种网格中灵活应用。

从几何形状来看，四边形可以粗略地分为两类：一类是歪斜怪异，

称为畸形四边形；另一类是规矩平常，称为非畸形四边形。

在有限元学科中，等参坐标与等参单元负有盛名，应用很广。四边形单元通常清一色地采用等参单元，成为等参单元的一统天下。但也存在一些深层次的问题，例如等参单元对畸形网格非常敏感（当网格中不含畸形单元时，其计算精度很高；一旦含有畸形单元，计算精度则急剧下降）。这种现象称为单元性能对畸形网格的敏感现象，简称为畸形敏感现象。

龙驭球提出破解畸形敏感现象的多种对策，对策之一就是 1997 年提出的四边形面积坐标有限元法（QAC 单元）。这里他提出 3 种四边形面积坐标（包括 QAC-Ⅰ、QAC-Ⅱ和 QAC-Ⅲ），并构造出一批面积坐标四边形新单元（它们都是对畸形不敏感的高性能单元）。

值得一提的是，QAC 单元曾经参与 MacNeal 著名考题的测试并一举夺魁。MacNeal 于 1985 年提出一个有关“畸形敏感性问题”的苛刻考题（称为 MacNeal 细长梁梯形网格考题）。这个考题难倒了一批又一批著名单元（如 QUAD4、ANSYS）。因为这些著名单元虽然身怀绝技，但对网格畸形敏感性问题都未作防备，因而精度都很低，直到面积坐标四边形新单元 AGQ6 和 AQ6 的创立，这个遗留了十几年的历史难题才得到破解，并黯然退出历史舞台。

除“四边形面积坐标”外，还建立了“三维六面体体积坐标”等新坐标，它们形成一个“自然坐标系列”。自然坐标的优点是：它既具有局部坐标的灵活性，又与整体坐标（直角坐标）始终保持线性变换关系。因此，采用自然坐标建立的新单元（自然坐标有限元系列）都是对畸形不敏感的高性能单元。

目前采用新型自然坐标构造了对畸变不敏感的新元系列，包括24种膜元、板元、壳元和三维单元，并被国内外学者进一步引用开发。

上海交通大学林忠钦院士研究组利用龙驭球团队提出的四边形面积坐标方法与板元形函数构造出壳体单元，应用于高度非线性的壳体成形问题❶。

法国接触与结构力学实验室 Brunet 教授利用龙驭球的四边形面积坐标有限元法构造出新型壳元。在壳体的接触、几何和材料三重非线性金属成型分析中展现了优异性能❷。

葡萄牙 Cardoso 教授利用四边形面积坐标方法成功地模拟了金属罐刺穿断裂破坏问题❸并在论文中提到“本文的增强假设应变场 EAS 是基于四边形面积坐标法构造的，该法由龙驭球团队成功提出。本文 EAS 方案没有发生薄膜闭锁，对于畸形单元也保持计算精度”。

五、解析试函数有限元——离散法与解析法的互补

构造有限元时，采用“基本的解析解”作为单元试函数的作法，称为解析试函数有限元法，简称解析试函数法。2001 年以来，龙驭球团队在自觉运用解析试函数法方面取得多种进展，构造了 11 个新元。以下是 3 个成功范例。

（1）**在厚板单元方面的应用**——成功地消除了剪切闭锁现象，构

❶ 朱亚群，林忠钦，倪军，徐伟力，张卫刚，李淑慧，薄板成型动力显式有限元算法与面积坐标四边形单元模型 [J]. 机械工程学报，2002，38(4)：78-83.

❷ BRUNET M, SABOURIN F. Analysis of a rotation-free 4-node shell element [J]. International Journal for Numerical Methods in Engineering, 2006, 66(9): 1483-1510.

❸ YOON J W, CARDOSO R, DICK R E. Puncture fracture in an aluminum beverage cans [J]. International Journal of Impact Engineering, 2010, 37(2): 150-160.

造出厚薄板通用单元。

构造厚板单元时经常遇到的困难是：用于计算厚板时，单元的精度还不错，但用于计算薄板时，单元的精度却变得很低。这种现象称为剪切闭锁现象。为此，龙驭球团队创立解析试函数法，构造出厚板和薄板都通用的单元，从而使这个难题得到解决。其核心步骤是：采用厚板理论的位移基本解析解作为板单元的位移试函数，这个试函数是满足“厚薄板通用条件”的。由此建立的单元是一个厚薄板通用单元，不会出现剪切闭锁现象。

应用解析试函数法，龙驭球团队建立了两个厚薄板通用单元，一个是面积坐标四边形板元 ATF-MQ（2002 年），另一个是面积坐标三角形板元 GPLM（2003 年）。它们不仅不出现剪切闭锁现象，而且还是高精度板元。

（2）*在裂纹、切口问题方面的应用*——成功地构造出高精度的含应力奇点的杂交元。

在含裂纹和切口的问题中都存在应力奇点 (即裂纹顶点)。如何提高奇点附近应力参数的计算精度，是问题的难点所在。显然，要攻克此难题，靠常规单元是难以胜任的，应当寄希望于奇异元，例如含奇异点的杂交元。

应用解析试函数法，龙驭球团队成功地构造了两个奇异杂交元，一个是 2001 年提出的含裂纹单元 ATF-MS，另一个是 2002 年提出的含切口单元 ATF-VN。他们都可以用很少的计算量取得很高的精度。

（3）*在网格畸变问题方面的应用*——成功地构造出对畸形不敏感的高性能单元。

为了构造出对网格畸形不敏感的单元，还可采用解析试函数有限元法。这是因为在单元的试函数中始终保留了基本的解析解，而这些基本解析解是不随网格畸形而变化的，所以它们是保持计算精度稳定的“压舱石”。

应用解析试函数法，2002 年龙驭球团队提出了两个对畸形不敏感的四边形膜元，一个是四结点元 ATF-Q4a，另一个是含转角自由度的四结点元 ATF-Q4 θ 。两个单元都对 MacNeal 细长梁梯形网格考题进行了测试，都具有极高的精度，对网格畸形极不敏感。科学实践表明，四边形面积坐标方法与解析试函数法是破解网格畸形敏感问题的两件利器。

六、样条有限元——样条函数与有限元法的融合

一个函数 $f(x)$ 常用分段多项式进行插值。样条函数是分段多项式插值的一种。此外，还有 Lagrange 插值、Hermite 插值等。

样条函数可以分为一次样条、二次样条、n 次样条等不同形式。n 次样条函数的定义是：在每个分段内，它是 n 次多项式；在相邻段的交界处，仍保持着 n–1 次导数为连续（称为 C_{n-1} 连续）。由此看出，样条函数插值的显著优点是：插值函数具有很高的光滑性（而 Lagrange 插值为 C_0 连续，Hermite 插值为 C_1 连续，其光滑性都很低）。

由此看出，样条有限元法是样条函数的高光滑性与有限元法的高灵活性两大优点互补融合的产物。

在样条有限元创立之前，文献中曾经讨论过样条整体插值法，但它只适用于分析规则形状的结构，有其局限性。

从 1984 年起，袁驷、范重、龙驭球构造了 18 个样条单元[1]，用

[1] 龙驭球，龙志飞，岑松．新型有限元论 [M]. 北京：清华大学出版社，2004.

于板壳结构和高层建筑结构分析，包括梁元（2 个）、膜元（2 个）、高层建筑膜元（3 个）、薄板元（2 个）、厚薄板元（2 个）、薄扁壳元（3 个）、厚扁壳元（2 个）、厚旋转壳元（2 个）。

七、出版五书、展现中华智慧

在有限元科研创新成果的基础上，自 1978 年至 2009 年，龙驭球先后出版了 5 本专著，见图 6-2（最后两本是合著）。

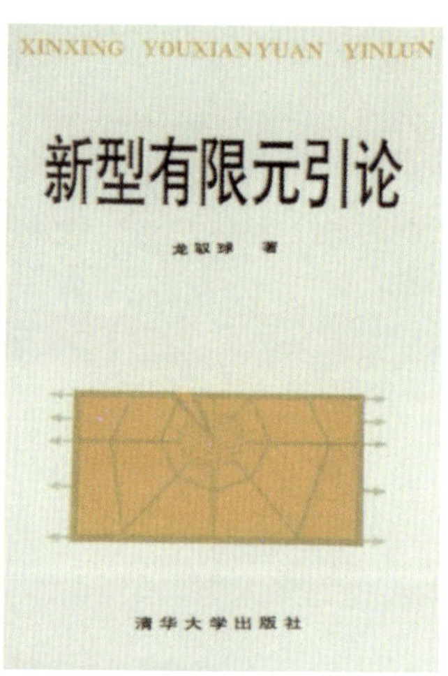

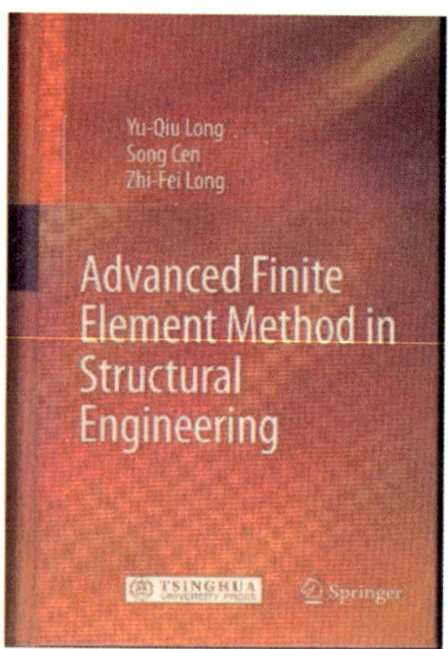

图 6-2　有限元法 5 本专著

（一）早期著作——第一本书（1978 年）

第一本书是 1978 年人民教育出版社出版的《有限元法概论》，这是我国介绍有限元法的早期著作之一。它的优点是：讲法新颖，学以致用，切合我国当时的实际需要。其缺点是：洋货多而土货少。书中介绍的单元主要是别人提出的，自己创立的单元只有一个，即“薄板弯曲混合型单元”。龙驭球当时私下感叹：“创立一个新单元有多难呀！”

（二）新元引论——第二、第三本书（1987 年，1992 年）

第二本、第三本书分别是 1987 年出版的《变分原理·有限元·壳体分析》和 1992 年出版的《新型有限元引论》。这两本书标志着书的内容由“跟踪”到“自创”的转变，学术创新由“初试锋芒”到“集腋成裘”的过程。

经过 14 年的潜心研究，创立的新型有限元学术成果逐渐增多，这两本书是这些阶段性成果沉淀的产物。从书名可以看到它的学科范围包括有限元法及其基础（变分原理）和应用（壳体分析），它的目标是为创立新型有限元引路和开道。

（三）新元大成——第四、第五本书（2004 年，2009 年）

第四本、第五本书分别是清华大学出版社于 2004 年出版的《新型有限元论》和清华大学出版社与德国 Springer 出版社于 2009 年联合出版的英文有限元专著 *Advanced Finite Element Method in Structural Engineering*。

这两本书有两大特点，它们是有限元原始创新方面的集成式和姐妹型专著。

集成式——两本书是几十年科研工作的总结和原始创新成果的集

成。包括 5 个方面的成果：①两大特色理论（广义协调理论与自然坐标元理论）；②五类新元系列（广义协调元、自然坐标元、分区混合元、解析试函数元、样条元）；③百余个优质新元；④两类新的变分原理（分区和含参数变分原理）；⑤五宗学术难题的破解与立新。

姐妹型——两本书是用中文和英文出版的双语专著，和谐合唱，牵手相伴。它们在有限元国际学术界呼应共鸣，传播中华智慧，唱响中国声音。

八、突围四次、开拓学科新境

龙驭球科研团队在新型有限元法研究领域攻坚克难，赶路前行，经历了四次突围，开辟出一片硕果累累的新天地。

（一）学科难题中突围——理论创新

有限元学科在取得辉煌成就的同时，也遗留下一系列悬而未决的历史难题。龙驭球团队选定这些历史性难题作为靶子，寻求突破与创新。下面是几个例子：

例 1　针对位移型有限元的“协调之谜”，建立广义协调理论与广义协调元，从根本上解决了传统的非协调元不能保证收敛的难题。

例 2　针对网格畸形的敏感现象，建立自然坐标法与自然坐标有限元——此成果使畸形敏感问题得到根治。在壳体大变形分析、金属板壳成形、金属罐刺穿冲击断裂等挑战性问题中得到成功应用。

例 3　针对应力奇点计算难题，提出分区混合有限元法，成为处理奇点问题的最优有限元方法，可用最小的计算代价获得精度最好的结果。

（二）单元丛林中突围——模式创新

翻开浩如烟海的有限元文献，各式各样的单元不胜枚举。随着理论的不断革新，新的单元模式也会不断涌现。龙驭球团队在单元丛林中的突围，有两点格外引人注目：

一是在数量上，迄今他们共创立了 116 个新型优质单元，分属于 5 类新单元系列，可谓群星闪烁，蔚为大观。

二是在质量上，这些单元都具有很高的性能，有的还在有限元历史上创造奇迹。例如他们团队创立的两种新元（面积坐标四边形元 AGQ6 和解析试函数四边形元 ATF-Q4a），使得国际上遗留了十几年的 MacNeal 历史难题得以破解。

（三）国际名著中突围——中华智慧

有限元领域里出版的名著已经不少，但大部分都是国外学者的成果。龙先生和他的团队期望在国际学术界也有属于中国人自己的专著，显示中华智慧，发出中国科学家的响亮声音。经过多年努力，集成式专著《新型有限元论》于 2004 年正式出版。2009 年，应德国 Springer 出版社和清华大学出版社联合邀请，该书的英文版也正式出版。这套中英文专著系统地介绍了中国学者在有限元领域的原创成果，是龙驭球团队锲而不舍、集腋成裘的结果，也是我国学者第一次向世界系统介绍他们在有限元领域的原创性成果的英文专著。Springer 出版社 2018 年 4 月发函告知该专著的电子版自 2009 年出版以来被国际同行下载的次数：到 2017 年底共被下载 49226 次，下载量位居该出版社所有电子著作的前 25%。这些数字反映了国际同行对“中国创造”的关心和期待。

（四）国际软件中突围——国产软件

我国建筑产业有两个特点：

第一个特点——建筑业产量巨大。据统计，目前我国每年新增建筑面积约占世界新增建筑面积总量的50%，拥有“半壁江山”。

第二个特点——在建筑结构设计行业方面，在与洋软件的竞争中，国产软件凭借自身实力处于优势和主导地位。

为什么国产的结构设计软件具有优势？原因之一就是国产结构设计软件得到了国家科研力量的有力支持。举例来说，中国建筑科学研究院研制的高层建筑设计软件SATWE是一个知名设计软件，在国内外有一万多家用户。其负责人之一李云贵研究员在论文中指出：“SATWE采用了龙驭球团队创立的广义协调厚薄板通用单元TMQ，在高层建筑开洞剪力墙分析中明显地优于美国著名软件SAP2000中的同类单元。”由此看出，本土设计精兵之所以能够战胜国际同行对手，原因之一是由于“本土设计精兵”得到了“本土科研精兵”的有力支撑。

总之，龙驭球团队在创立新理论、构造新单元、出版国际名著、软件工程应用等4个方面进行了无声的突围，在有限元国际学术界开辟了一方天地。有理由相信，星火可以燎原，后来者可以居上。

九、米寿迎来国家自然科学奖

龙驭球团队出版了7本有限元法专著（图6-2是其中的5本），发表了近200篇学术论文，创立5类新元系列和116个优质单元。

龙先生多次在国内外学术会议上作大会特邀报告和邀请报告，主要内容均为新型有限元方法研究。如龙驭球在首届国际结构工程学术会议任大会主席并作大会特邀报告（1999），第六届世界计算力学大会（WCCM VI）（2004）作特邀报告，以及先后7次在全国结构工程学术会议作大会特邀报告等。

1984年和1986年应邀到英国Swansea大学（世界计算力学研究中心之一）和日本东京大学讲学。1986年应邀到荷兰Delft大学土木系和机械系作新型变分原理、新型有限元及其应用的系列讲座，应邀到荷兰土力学研究所和荷兰建筑结构研究所讲学。1991年应邀到香港理工大学作板壳结构广义协调元的系列讲学，并为研究生讲授“计算结构力学”和“薄壁杆理论”课程，用英文撰写了两本参考书。1998年应邀到香港大学讲学。

龙驭球在有限元研究领域的许多成果都作为学术经典编入多部大型典籍和高校教材进行详细介绍。例如有限元的7个创新成果作为7个词条编入李国豪院士总编的《土木建筑百科辞典·工程力学卷》（中国建筑工业出版社，2001）；“分区混合能量原理”和“含多个参数的广义变分原理”等作为章节内容编入杜庆华院士主编的《工程力学手册》（高等教育出版社，1994）。多部教材和专著也将“广义协调元”“分区混合元”以及“分区和含参变分原理”等成果用独立章节作专门介绍。

有限元早期科研成果曾获得7项奖励（参见附录4的获奖目录）：

（1）1983年、1988年两次获北京市学术成果奖；

（2）1987年、1993年、1995年三次获国家教委科技进步奖；

（3）2003年获教育部提名国家自然科学一等奖；

（4）指导岑松博士论文“新型厚薄板、层合板元与四边形面积坐标法”，被评为2002年度全国优秀博士学位论文。

2013年底传来喜讯：龙驭球作为第一完成人的科研项目《广义协调与新型自然坐标法主导的高性能有限元及结构分析系列研究》（主要完成人：龙驭球、岑松、龙志飞、傅向荣、陈晓明）荣获2013年度国家自然科学二等奖（图6-3，图6-4）！

国家自然科学奖

证 书

为表彰国家自然科学奖获得者，特颁发此证书。

项目名称：广义协调与新型自然坐标法主导的高性能有限元及结构分析系列研究

获 奖 者：龙驭球（清华大学）

奖励等级：二等

证书号：2013-Z-109-2-07-R01

图6-3　国家自然科学奖证书

图6-4　龙驭球团队获国家自然科学奖
（左起：傅向荣、岑松、龙驭球、龙志飞、陈晓明）

2013年度国家科学技术奖励大会于2014年1月10日在北京人民大会堂隆重举行。而1月15日恰逢龙驭球88岁米寿生日。这是对龙驭球勤奋耕耘、宁静淡泊的最高褒奖。龙驭球欣然赋诗一首，表达了自己的心情和感慨。

七律

忆有限元法耕耘岁月

——米寿获奖抒怀

耕耘屈指四十年，“文革”初闻有限元。

出版五书圆旧梦，突围四次❶辟新天。

中西智慧交辉映，学术难题巧析研。

国奖❷捧回逢米寿，“蟠桃”❸摆上作神仙。

另外还填词两首：“卜算子——米寿吟”，参见本书第九章。

❶ 四次突围参见前节内容。

❷ 国家自然科学奖。

❸ 以国奖代蟠桃。

第三篇

育人情怀

——春风桃李伴龙吟

引 言

本书第三篇的主旨是抒发春风桃李情怀，品味教书育人乐趣。本篇包括第七章、第八章、第九章3章内容。

第七章讲述栽梧引凤，利用四座学术平台培育英才。这四座学术平台是：

（1）主持结构力学课程指导小组；

（2）主办《结构工程学报》和《工程力学》期刊；

（3）举办全国结构工程学术会议；

（4）筹建结构工程专业委员会。

第一个学术平台是培育结构力学课程的教学人才，其余三个学术平台是合力培育力学与结构学科的科研人才。

第八章讲述师生情谊，这是一种亦师亦友、忘年忘忧的绵绵情谊。师生之间本来存在两个差异：

一是职位上的差异——由“师授生受”的单向关系可以升华为“教学相长”的双向关系。在教学过程中，学生和老师都有收获，都可得益。学生的成长，既使教师感到“后生可畏”的激励，又使教师获得“桃李争春”的慰藉。

二是年龄上的差异——由代沟的隔膜可以升华为忘年之交和忘忧之谊。既忘忧，又忘年，值得双倍珍惜。

第九章介绍龙驭球晚年的一些诗词以及与友人的相互唱和。诗言志或抒情，从中可以见到毕生从事教书育人工作的真情乐趣，以及心灵家园的诗意寄托。

第七章　乐为俊彦搭平台
——广育英才

一、四座学坛迎俊彦

龙驭球是典型的学术型学者。不但他个人在学术上有卓越贡献，在促进学术交流、推动学科发展、引领课程建设、培养优秀人才等方面也倾注了大量心血。

他积极参与搭建了四座学术平台：

（1）主持课程小组：高等学校结构力学课程指导小组；

（2）创办学术期刊：《结构工程学报》与《工程力学》；

（3）举办学术会议：全国结构工程学术会议系列；

（4）筹建二级学会：结构工程专业委员会。

这些平台既是学术平台（促进学术交流，推动学科发展），也是人才平台（发现俊彦，培育人才）。

“在同一平台上竞技，在百家争鸣中育人”，这是搭建学术平台的目的和作用。“乐为俊彦搭平台”，这是龙驭球的心愿和希望。

二、主持“结构力学课程指导小组”

龙驭球受聘担任高等学校结构力学课程指导小组组长近20年。先于1982年3月受聘为工科力学编审委员会委员兼结构力学与弹性力学编审小组副组长，又于1984年6月受聘为工科力学编审委员会副主任委员兼结构力学组组长，最后于1995—2000年受聘为工科力学课程教学指导委员会主任委员兼结构力学课程教学指导小组组长。

结构力学课程教学指导小组的工作主要是为课程制定指导文件和规划，交流教学经验和培训青年教师，具体工作为如下8个方面。

（一）制定课程教学指导文件

在学苏阶段，主要是制定全国统一的课程教学大纲。以苏联教学大纲为蓝本，根据我国情况加以修订而成。由于全国各校情况各异，后来改用“保底开花”方针，即统一保住底线，各校自由开花的方针。因此，全国不再执行统一教学大纲，而由指导小组制定课程教学基本要求（图7-1）。经过两年酝酿讨论，指导小组完成送审稿，经审定后于1988年出版。1993年又作了一次修订。

（二）制定教材规划

1977年恢复高考后，先后制定了1978—1980年和1981—1985年两个教材编写规划，结构力学方面出版新书11种，包括龙驭球、包世华主编的《结构力学》和杨天祥主编的《结构力学》等。以后每隔两年，又制定新的教材规划。

图 7-1　全国高等工科院校结构力学、弹性力学课程指导小组会议
（右起第五人为龙驭球）

（三）举办结构力学和弹性力学讲习班

为了提高师资水平、更新教学内容，指导小组常于假期举办专题教学讲习班。例如 1982 年在重庆建工学院举办结构力学讲习班，由王光远教授讲“结构振动”，龙驭球教授讲“能量原理”。1983 年在郑州工学院举办弹性力学讲习班，由杨桂通教授讲“张量分析及其在弹性力学中的应用”，王润富教授讲“弹性力学问题的复变函数解法”。

（四）举办青年教师讲课竞赛

为了提高讲课水平，鼓励先进，交流经验，指导小组举办了多次青年教师讲课竞赛。第一次竞赛于 1996 年在河海大学黄山培训中心举行。现场讲授，互相观摩；不同讲法，各显风流；会上点评，会下切磋。会议开得生动活泼，反应强烈。龙驭球在授奖会上当场赋诗祝贺，小诗选登在本书第九章。

（五）举行教学经验交流会

全国结构力学教师在教学中积累了丰富的经验，包括课程体系的创新，教学内容的取舍，教学难点问题的剖析，教学方法的改进，国内外教材的评价等。为了使创新的火花辐射到全国，指导小组定期举行教学经验交流会。交流会一般与指导小组年会同期举行。除指导小组委员外，还邀请有关代表参加，以扩大会议的形式进行交流。会上同行聚首，谈兴正浓，是一次经验与感情的双交流。

（六）创办教学与教材研究年刊

除举行经验交流会之外，指导小组还创办年刊进行书面交流。1984年年刊正式出版，定名为《结构力学及弹性力学教学与教材研究》。每年一期，由各校主动申请，承担各期的编辑出版工作。前十期由九校申办：第1期为清华大学，第2、3期为河海大学，其后依次为西南交通大学、同济大学、哈尔滨建筑大学、天津大学、东南大学、湖南大学、西安冶金建筑学院。在第十期，组长龙驭球作小诗一首祝贺：

教学年刊岁岁新，
十年树木已成荫。
绵绵九校传刀笔，
缕缕书香献学人。

（七）组织研制“工科《结构力学》试题库”

为了提高考试的标准化和科学化，指导小组于1987年11月的昆明工作会议上决定组织8校联合研制试题库。经过三年多的努力，于1991年底通过鉴定。1993年获国家教委优秀教学成果国家级二等奖。在此之前，还获黑龙江省优秀教学成果一等奖。八所院校是指河海大学、哈尔滨建筑大学、清华大学、湖南大学、长沙铁道学院、西南交通大学、西安冶金建筑学院、北方交通大学。

（八）联合研制“结构力学计算机辅助教学课件”

计算机辅助教学 CAI 早在 20 世纪 50 年代已经问世。关于结构力学 CAI 课件的开发工作，我国部分高校（如清华大学、哈尔滨建筑大学、重庆建筑大学、广西大学、淮南矿业学院）已于 20 世纪 80 年代开始进行。在此基础上，指导小组联合各校共同研制，并于 1995 年获国家教委优秀教材二等奖。

以上 8 项工作涵盖了课程教学的不同方面，包括：指导课程建设全局的“制定基本要求与教材规划”；提高教师水平的“讲习班与讲课竞赛”；交流教学经验的“交流会与年刊”；组织协作攻关的“试题库与 CAI 课件”。

20 年来，指导小组在提高教学质量和教师水平方面，在承上启下和辐射全国方面，作出了可观的贡献。

三、主办《结构工程学报》和《工程力学》期刊

改革开放迎来了科学的春天，同时也感到学术成果交流平台的稀缺。有鉴于此，龙驭球积极倡议创办一个以发表结构工程研究成果为主的期刊，定名为《结构工程学报》。1989 年 11 月创刊，张维先生为创刊号题词。

1991 年 10 月由《结构工程学报》编委会主办了第一届全国结构工程学术会议，以《结构工程学报》专刊的形式出版了会议论文集，共收入论文 165 篇，另有 10 篇特邀报告。不久，中国力学学会将它

主办的《工程力学》学报委托给清华大学土木系承办，并由龙驭球任主编。为了集中力量共同办好《工程力学》学报，决定将《结构工程学报》停办，以便将两个学报的编委合并组成新的编委会，合力办好《工程力学》学报。

《工程力学》国际期刊号为ISSN1000-4750，国内期刊号为CN11-2595/03，龙驭球教授确定其办刊宗旨是反映力学在工程领域的主导作用，增强力学与工程的相互渗透和共同提高。一时《工程力学》成为力学刊物中覆盖面最广的期刊之一，包括土木建筑、水工港工、道路桥梁、航海造船、航空航天、矿山冶金、机械化工、国防能源等众多行业。读者对象为国内外从事工程、科研、设计、施工的力学和结构工程人员、大专院校师生。图7-2为《工程力学》期刊封面。

图7-2 《工程力学》封面

在龙驭球主编的领导下，编委会努力开展工作，致力于提高刊物质量，扩大刊物影响，主要体现在下列六个方面。

（一）努力提高稿件质量，及时反映最新研究成果

《工程力学》刊登的稿件，有1/3以上是国家自然科学基金委及省部委资助的研究项目，这些研究成果大都有较强的学术水平和应用价值，是国民经济中有发展前景或迫切需要解决的问题，有的被认为是具有国际领先水平的研究成果，如1995年获得杰出青年基金的青年学者袁驷教授，他关于有限元线法方面的研究成果被评审专家

们认为居国际领先水平。再如煤矿系统的优秀青年学者谢和平教授关于分形节理力学和损伤力学方面的研究也被认为是很优秀的研究成果。

龙驭球还注意邀请名家撰稿。从 1994 年到 2001 年,《工程力学》先后刊载过 43 篇院士发表的论文,他们是张维、王仁、徐芝纶、王光远、钱七虎、钟万勰、黄文虎、程耿东、赵国藩、董石麟、王梦恕、项海帆、吕志涛、陈肇元、江欢成、陈厚群、孙钧、黄克智等,其中也包括龙驭球院士本人的论文。这些论文水平高、学术意义大,对《工程力学》的办刊质量起了重要作用。

(二)鼓励青年学者撰稿和参加审稿

在《工程力学》上发表的论文,有将近 1/5 是博士生的研究成果,他们的论文学术观点新颖、时代感强,这在一定程度上也保证了《工程力学》选登论文的先进性。

《工程力学》多次更新审稿专家库,增选优秀青年学者作为审稿专家。每年结构工程学术会议上获奖的作者也请他们填写审稿专家表。这些做法适应现代高科技迅猛发展、专业领域和知识层次不断更新的形势,使《工程力学》与时代脉搏相吻合。

(三)创品牌,提高国内、国际影响

龙先生早在 1996 年就开始致力于使《工程力学》进入国际检索工程索引 Engineering Index(简称 EI)。首先按国际惯例对英文摘要提出了明确的标准,要求作者按照标准撰写英文摘要,聘请曾长期在美国工作过的老专家、老教授以及新从牛津大学毕业的博士生专门审

查英文摘要，龙驭球作为主编在终审时也把英文摘要作为重点审查项目。此外还给美国EI总部寄去全年的论文，请他们审阅。经过这番努力后，自1997年第一期开始《工程力学》被EI收录，从而扩大了《工程力学》的国际国内影响，大大提高了《工程力学》的品牌效应。

早在1995年《工程力学》就被评为一般工业技术类核心期刊，03力学类核心期刊，2000年12月科技部举办新闻发布会，公布中国科技论文统计结果（图7-3）。会上宣布《工程力学》影响因子（0.685）在物理力学类刊物中位居第二，并向编辑部颁发了荣誉证书（图7-4）。

1999年中国科技论文

统计结果

新闻发布稿

科学技术部

二000年十二月

图7-3　中国科技论文统计结果

證書

工程力学 编辑部

中国科学技术信息研究所

二〇〇〇年十二月十三日

图7-4　荣誉证书

（四）召开国际会议，将《工程力学》推向海外

利用昆明举办花卉世博会的机会，龙驭球于1999年10月18日至22日以学术委员会主任、工程力学主编的身份发起主办了第一届结构工程国际会议。会议在昆明召开，到会代表69人，其中外籍代

表 19 人（美国 3 人，加拿大 1 人，德国 6 人，荷兰 3 人，日本 5 人，泰国 1 人），台湾地区 1 人，香港特区 6 人，我国两院院士张维，美国工程院院士 T.H.H.Pian，欧洲钢协主席 Joachin Linder 出席会议（图 7-5）。论文集用英文出版，共收录论文 114 篇，其中外籍论文 19 篇，台湾地区论文 3 篇，香港特区论文 8 篇。这次国际会议为扩大《工程力学》期刊的国际影响起了积极作用。

图 7-5　第一届结构工程国际会议上龙驭球院士与张维院士、美国工程院院士 T.H.H.Pian 合影

（五）由季刊改为双月刊并扩大刊物的发行量

由于稿源日益充盈，为了缓解稿件的积压，经上级主管部门批准，《工程力学》从 1999 年开始由季刊改为双月刊。《工程力学》自 1990 年至 2000 年累计发表的论文数为 918 篇。

随着《工程力学》质量的提高和影响的扩大，刊物发行量也得到提高，年发行量由 1992 年的 400 份增加至 1500 份。

（六）办刊与办会相结合

办刊与办会相结合，不仅扩大了刊物的影响，还增加了稿源，提高了来稿质量，逐步形成了一个对工程力学比较关注和关心的学者群和读者群，他们无形中成了《工程力学》的督导员和质检员，常从他们那里听到对《工程力学》的评价或批评，有利于刊物的及时改进。更为重要的是，一年一度的结构工程学术会议，使龙驭球看到了一个力学面向国民经济主战场的领域。诱发其发起申请成立一个力学学会下属的二级学会——结构工程专业委员会。

四、举办“全国结构工程学术会议”

早在 1989 年创办《结构工程学报》出版第 1 期时，龙驭球就敏锐地意识到召开学术会议对期刊的发展和提高的重要性，而且两者可以相得益彰。经过一年的酝酿、宣传、征稿、组织出版等工作，于 1991 年 10 月在徐州中国矿业大学召开了第一届全国结构工程学术会议，共征集论文 165 篇，邀请著名的专家学者到会作特邀报告 10 篇。第二年由于上面提到的力学学会委托龙驭球主编《工程力学》而空缺一年。第三年（即 1993 年）才举办第二届会议。自此以后每年都举办一次，从未间断。到 2013 年已经召开了 22 届（表 7-1），此后将会一直延续下去。

表 7-1　全国结构工程学术会议基本情况（1~22 届）

届　次	时　间	地　点	收录论文篇数	特邀报告篇数	中青年优秀论文获奖数
第一届	1991.10.28—10.31	徐州，中国矿业大学	165	10	—
第二届	1993.5.4—5.8	长沙，湖南大学	162	20	—
第三届	1994.6.6—6.9	太原，太原理工大学	295	24	—
第四届	1995.9.19—9.23	泉州，华侨大学	393	18	19
第五届	1996.11.25—12.2	海口，海南大学	425	11	13
第六届	1997.10.22—10.26	南宁，广西大学	406	14	14
第七届	1998.10.7—10.12	石家庄，石家庄铁道学院	397	19	20
第八届	1999.10.22—10.26	昆明，云南工业大学	531	11	22
第九届	2000.9.16—9.20	成都，西南交通大学	520	17	18
第十届	2001.10.20—10.24	南京，河海大学	496	18	17
第十一届	2002.10.20—10.23	长沙，湖南大学	354	16	18
第十二届	2003.10.19—10.22	重庆，重庆大学	456	14	22
第十三届	2004.10.16—10.20	南昌，南昌大学（会址井冈山）	321	17	21
第十四届	2005.9.18—9.21	烟台，烟台大学	338	17	21
第十五届	2006.10.13—10.17	焦作，河南理工大学	274	16	20
第十六届	2007.10.19—10.23	山西，太原理工大学	304	14	42
第十七届	2008.11.8—11.12	武汉，华中科技大学	352	18	63
第十八届	2009.11.27—12.1	广州，广州大学	348	20	95
第十九届	2010.11.5—11.9	济南，山东建筑大学	298	14	66
第二十届	2011.11.4—11.7	宁波，宁波工程学院	213	14	53
第二十一届	2012.10.12—10.15	沈阳，沈阳建筑大学	258	14	99
第二十二届	2013.08.10—08.12	乌鲁木齐，新疆大学	297	14	50
累计			7603	350	693

一个全国性的学术会议一年一度连续召开了 22 届，会议收录论文最多的一年达 531 篇，每年都组织著名学者做特邀报告。为了奖掖青年学者，每届会议还进行中青年优秀论文评选。这对奖掖后进起了

促进和鼓励作用。

五、筹建“结构工程专业委员会”

（一）筹建始末

正如前面所述，龙驭球在先后担任《结构工程学报》和《工程力学》主编期间，一直倡导并履行办刊与办会相结合，一年一度的全国结构工程学术会议不但频率高(每年一次),且范围广(全国范围的)。大有长盛不衰之势，它诱发了龙驭球一个更为深入的思考。

结构工程是一个专业覆盖面极广的领域，它涉及土木建筑、水工港工、道路桥梁、航空航天、航海造船、冶金矿山、机械加工、军事国防、能源环境等众多行业。一些行业的发展往往是以结构工程发展为契机，又是以结构工程的发展作为标志的。如土建的大跨高耸结构、航海的巨型船舶和舰艇，近代航空航天器的惊人进展等，这些都体现了结构工程在国民经济中的地位和作用，可以毫不夸张地说力学面向国民经济主战场的一个重要方面就是结构工程。历史发展的经验证明，力学在上述众多行业中的地位是举足轻重的，常起主导作用，它们需要力学，力学也离不开它们，正是它们为力学提供了一个充满生机、纵横驰骋的广阔阵地。

图 7-6 的框图大致勾勒了力学和结构工程密不可分、相互促进的紧密关系。

目前，力学学会下属的二级学会如固体力学、流体力学等基本上是按力学学科划分的，能否成立一个“结构工程专业委员会”，使力学与国民经济基本建设和各行各业建立更紧密的联系，既有利于力学在国民经济各行业中的主导作用，也有利于工程实践促进力学的发展。于是成立一个力学学会下属的二级学会“结构工程专业委员会”的设想成熟了。

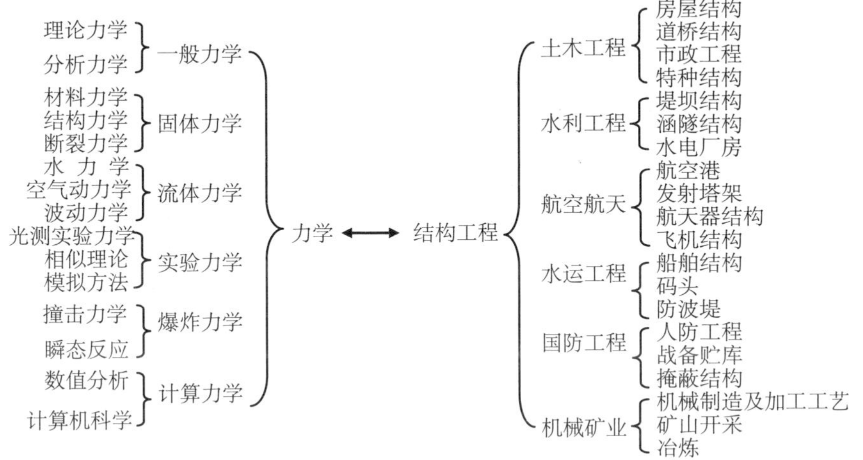

图 7-6　力学与结构工程关系框图

（二）申报和批准

基于上述认识，1995 年 9 月在泉州华侨大学召开第四届结构工程学术会议上，龙驭球院士联合朱伯芳等七名专家发起成立中国力学学会结构工程专业委员会，经过初步讨论，向学会递交了申请报告。

力学学会批准之后，由各单位推荐委员组成结构工程专业委员会第一届委员会的成员。委员会由龙驭球院士担任主任委员，并聘请崔京浩、方竟担任副主任委员，袁驷为秘书长。1998 年 10 月在石家庄召开了结构工程专业委员会第一届会议（图 7-7）。

图 7-7　中国力学会结构工程专业委员会第一次会议
（前排左起第三人为龙驭球）

（三）新机构带来新景象

结构工程专业委员会是中国力学学会下属的二级学会，它的成立，带来了两方面的新景象。

第一，进一步促进了力学学科与结构工程实践的交融和互补。结构工程的众多行业都离不开力学，也为力学提供了在国民经济主战场上纵横驰骋的广阔天地。

第二，加强了学会对期刊和年会的直接指导。结构专业委员会、《工程力学》期刊和结构工程年会是紧密相连、守望相助的鼎立机构。年会从此找到了当仁不让的主办单位，期刊从此有了亲密无间的良师益友，年会与期刊之间的呼应互补也从此提升到一个更高境界。

第八章　秾桃艳李伴苍松

——亦师亦友

一、“名师出高徒”——成语也可倒着念

几十年来，龙先生在教材编写和科学研究中不辞劳苦地精耘细作，出版了受到全国广泛赞誉的教材精品，在新型有限元理论和壳体理论方面取得重大成果，享誉全国，影响世界；同时，还孜孜不倦地培养了一批又一批高端人才。

在他的学生中，有众多的本科生、硕士研究生和 19 名博士生。这些学生毕业后分布在全国各地，成为祖国建设和科学发展的中坚力量。崔京浩是他培养的第一位研究生(1965 年毕业),清华土木系教授，历任《工程力学》学报的编委、副主编、主编和名誉主编，是为学报鞠躬尽瘁的“孺子牛”。图 8-1 是他们师徒俩的老年合影。

袁驷是他培养的第一位博士（1984 年毕业），清华大学教授，历任清华大学土木水利学院院长、清华大学教务长，清华大学副校长(图 8-2)。

图 8-1　龙驭球（左 1）与崔京浩（左 2）的合影

图 8-2　龙驭球与学生袁驷（右）、单建（左）合影

岑松是他培养的另一位博士（2000 年毕业），现为清华大学航空航天学院长聘（终身）教授，2000 年获清华大学优秀博士毕业生，2002 年获全国优秀博士论文奖，2006 年获霍英东青年教师奖，2010 年获亚太计算力学学会青年计算力学研究者奖，2013 年获国家自然科学二等奖（第二完成人）（图 8-3）。

图 8-3　龙驭球与学生岑松合影

有人曾经采访龙先生请他谈谈成就，他说：“我的主要成就，是我当了多年的教书匠。我最喜爱的称呼是‘教师’。我最满意的成果就是我的教材。”为了当好一名“教书匠”，“手执教鞭”，龙先生从不懈怠。是什么力量在支撑着他？他说，要振兴中华，当然自己要不遗余力地辛勤耕耘，不断在科研中创新，但仅靠一己之力是远远不够的。毕竟个人精力有限，人生有限，所以更重要的是培育新人，把教学和教材搞好，把科学精神传承下去，让它不断发扬光大。

长时期以来，龙先生对中、青年学者仁爱有加，将他们视作振兴祖国伟大事业的传承者，既有严格的要求、谆谆的引导，又充满亲切感与亲和力，使他们乐于和他交往，并于潜移默化中获得教益。每当弟子们晋升教授或者获奖时，他会高兴地在第一时间把喜讯告诉家人，喜悦之情溢于言表。有人称赞龙先生“名师出高徒”，他却风趣地说：“这句话应该倒过来说：徒高出师名”。显示出十分谦虚和对弟子们的鼓励与称赞。他把弟子们当做知心朋友、忘年之交，弟子们对他既尊敬又亲近，他们之间保持着一种独特的亦师亦友的关系，可称得上“秾桃艳李伴苍松，亦师亦友显真情”。

二、一片批评声，一句贴心话

研究生和本科生的一个主要区别是：导师与研究生基本上是“单线联系”，类似于师傅带徒弟的方式，因此导师的人品、学问以及如何带学生都对学生有直接的深远影响。在导师与学生的关系上，我国有着独特的传统。“一日为师，终身为父”的古话充满了感情色彩，实质上也是强调了老师的责任。从老师身上可以学到不少如何做人、如何做学问等人生感悟和智慧。

龙先生在学生面前没有任何架子，对学生十分关心、爱护、理解和信任，这使许多学生非常感动。当年袁驷在做博士论文时，住在二号楼宿舍。一天他找出一个程序错误后，匆忙去计算中心上机修改程序，因为脑子里被正在调试的计算机程序所纠结缠绕，完全忘记了宿舍桌子上的热水器还在烧着，结果造成了一场大火。大火被消防人员扑灭，虽未酿成大祸，但床桌被褥已被烧毁。此事惊动了学校。事后他自己作检查，系里作批评，学校又通报。但当他去见龙先生报告此事时，龙先生几乎未加思索地说了一句简单的话：“你有没有地方睡？要是没有地方睡，就搬到我家来。”这令袁驷非常意外和感动，因为他正处于一片批评斥责声中，本是来接受教训的，没想到龙先生却是第一个问到他睡觉地方的人，而且请他搬到自己家里去住。龙先生的话使他感到无比温暖，感受到老师的体贴、爱护、理解和信任，当然也有无尽的教诲。

三、沉则深，深则通

龙先生指导研究生有其特色。袁驷在读博期间，每完成一部分科研成果便整理出来送给龙先生审阅，龙先生审完后很快就推荐给学术刊物去发表。到答辩时，袁驷已在《力学学报》《计算结构力学及其应用》《建筑结构学报》等核心刊物上正式发表论文四五篇了。龙先生的想法并不是简单地去完成某种论文的数量指标，而是想让学术界多方面地来参与指导。在后来的一次座谈会上，龙先生在谈到指导博士生的体会时，不无幽默地说："我的主要体会就是：带博士生比带硕士生省事。"真是举重若轻。

龙先生在学术上有很多重要建树，不是靠一朝一夕的灵感，他的学术创新的一个重要特征就是善于"在平凡中创新,在泥土中淘金"。这一风格使很多学生受益，也使很多同行异常佩服。那么多人教结构力学课，写结构力学的书，唯独龙先生能够将结构力学中不太起眼的"混合法"开拓为"分区混合变分原理"与"分区混合有限元法"，进而又在此基础上开创出"广义协调有限元"这一崭新体系。是什么使龙先生"平凡中创新，泥土中挖金"的呢？说来说去没有别的，主要还是思考。正如古人所说"千虑必有一得"。袁驷给出一个比喻：知识学问好比汪洋大海，有的人在辽阔的海面上与风浪奋勇搏斗，而有的人则沉入海底静静地发掘宝藏。此处并无褒贬之意，这是做学问的两种风格。龙先生是沉入海底精心做学问的人，做得非常静，非常深，当然也就有他人未有的收获。他在学术上没有什么"轰轰烈烈"之举，更没有什么"传奇色彩"，他的成果都是脚踏实地、一步一个脚印、一点一滴积累而取得的。为了一个数据，他可以通宵不眠，为了节省时间并且不愿轻易打断连续性思考，他已习惯于一碗面条一碟小菜就算一顿饭。如果把他众多的成果比作棵棵参天大树的话，这些大树都是他用一点一点心血、一滴一滴汗水浇灌出来的。这一切对于袁驷以及其他弟子们都产生了潜移默化的深远影响。

四、清晨敲门声，摇篮催眠信

东南大学教授、博士生导师单建也是龙先生最早的研究生之一，龙先生和蔼的态度、亲切的微笑从一开始就给他留下了深刻的印象。三十多年来他和龙先生一直保持着电话、文字与情感的交流，近几年几乎每年都要到北京登门看望龙先生，和龙先生建立了深厚的师生情感。在他的经历中，有几件“小事”使他特别难以忘怀。

1980 年夏季的一个傍晚，单建在论文撰写过程中碰到一个问题，百思不得其解，便去龙先生家里请教。先生没有立刻回答，他说，他也需要想一想。了解龙先生的人都知道，不经过深思熟虑决不轻率发表意见，这是他的一贯风格。

第二天早晨，大约六七点钟，在清华二号楼的研究生宿舍里，几个习惯于晚睡晚起的研究生还在迷糊之中，突然听到有人在轻轻地敲门，然后是一个略带沙哑的声音在喊“单建”。这不是龙先生吗？单建一惊，赶紧起床，衣衫不整、惶恐万分地给他开门，同学们也纷纷坐了起来。龙先生笑吟吟地走进宿舍，说:“单建，今天早晨三四点钟，我醒来就再也睡不着了。你的问题我总算给你想清楚了。”然后就把他的思路一五一十地讲了一遍，看到对方完全领会了他的意思，才满意地离开了二号楼。那时，他住在清华教工宿舍西43楼，距离二号楼相当远。中国有句古话叫“医不叩门”，原因之一是“医道尊严”；比医道更尊严的是师道，有“天地君亲师”的排行榜为证。据此推论，说“师不叩门”应该也是成立的。龙先生“叩门解惑”，充分体现了他平等待人、爱生育人的作风。或许，他是体谅到学生急切希望得到指点，又不便或不敢催问的难处，才在第一时间里送教上门的吧。

1981年2月，单建完成了研究生论文的写作；同月，他的女儿在家乡江苏泰州出生。论文、孩子双丰收，带来喜悦的同时，也给他带来了双倍的压力：又要在家乡照顾妻子和女儿，又要回北京准备论文答辩，顾此失彼，方寸大乱。他给龙先生写了一封信求援，龙先生回信说，现在一对夫妇只能生一个孩子，你就在家好好照顾你的爱人和女儿吧，答辩的事我会尽量给你往后安排的。

龙先生的这封信对他起到了“定海神针”的作用。结果是，论文答辩安排到了学校规定期限的最后一天，而且也顺利地通过了答辩。女儿长大后，单建告诉她：“有这么一位龙爷爷，是爸爸的老师，在你出生不久时就曾这样关心过你，给你寄来一封摇篮催眠信。”

1996年1月15日是龙先生的七十大寿，单建写了一首“沁园春”表示祝贺，下阕中写了龙先生“叩门解惑”的故事和他对单建女儿的关心：

七十春秋，人谓先生，似日方中。颂勤耕力学，新元卓异；厚培桃李，果硕华秾。更喜年前，工程院里，熠熠星添院士龙。休辞老，正大兴科技，世纪图宏。

清华训诲曾蒙。感润物无声细雨同。记质疑经夕，我犹高枕；

师来解惑，早扣房栊。千里情长，爱施吾幼，禠褓生春书一封。真仁者，想悠悠浉水，两岸乔松。

结句中提到的“浉水”，是流经龙先生的家乡湖南省安化县梅城镇的一条河。

五、治学为人，相反相成

龚耀清，1995 年在清华大学结构力学教研室当访问学者，通过考试成为龙先生的博士生（1995—1999 年）。他和龙先生既是师徒，又是球友。几年相处，他对龙先生的治学风格和为人风度印象很深，受益良多。现按读博期间先后三个环节，简述一些他的感受。

（一）开题报告的小插曲——治学要冒尖，为人要宁静

龚耀清开题报告的题目是：“超高层建筑与地基基础的共同作用”。他做了认真准备，信心十足。但在评议会上，多位博导轮番质疑，指出许多不足之处，龚耀清开始有些憋气。当有位教师说道：“你那个力学模型没有说清楚，我听不大懂”时，他觉得这是一个低级的指责，回答时带着一些情绪，会场气氛有些不大和谐。会后，龙先生依旧像往常一样微笑着对他说：“学术问题需要平静讨论，不要意气用事”。还说：“做学问与做人有所不同：治学贵冒尖求异，为人要朴素宁静”。

（二）论文的内容和表述——内容要追求极致，表述要留有余地

龚耀清对高层建筑结构作了系统研究，对半解析法提出了一系列新算法。此外他还把新算法应用于另一领域——桥跨结构问题，也取得较好结果。于是他想把博士论文题目由原来的“高层建筑结构”扩大为“大型结构”，以便把高层建筑结构与大跨桥梁结构都包含在内。

龙先生看后又把题目改小为“高层建筑结构与半解析法研究”。龙先生对他说：“你把高层建筑结构的新方法推广到桥跨结构，这是很好的尝试。但这只是一个应用例题，还算不上对桥梁结构有全面系统的研究，所以题目不要写得太大。”还说：“论文内容要追求极致，但论文题目和论文表述要留有余地，不要说得太满。”

（三）论文的审阅与修改——既能一眼抓住要害，又会多次耐心修改

龚耀清把自己认为很有创新性的一篇论文“半解析法确定大型桥跨结构影响场”送给龙先生审阅。龙先生看后跟他说:“文章有新意。但影响场中出现无穷大的奇异点,这肯定有问题,你回去再好好看看。”他当时还有点不服。但经仔细检查后，发现确实有问题。按照龙先生意见修改后，画出来的影响曲线就变得非常流畅了，这使他不得不服。修改后的论文再次交上后，龙先生又作了细微修改，直至三次修改后才算通过。龙先生审阅博士论文的特点是：对论文中的要害纰漏，一眼看出；对论文的细微修改，至少三次。

“治学冒尖”与“为人宁静”，“追求极致”与“留有余地”，“一眼抓住”与“多次修改”，这些都反映了和而不同，相反相成的智慧。

六、深藏岁月的“毕业赠言”

张延庆是龙先生与中国矿业大学郑照北教授共同指导的博士生，1990年毕业后在北京工业大学任教。他对恩师龙先生感情深厚，经常惦记。张延庆回忆起自己在毕业答辩完成后，曾向龙先生索要“寄语”，龙先生当时没说什么。第二天见面时，龙先生就将写好的寄语给了他："延科学青春之年华，庆登堂入室的初捷"，将他的名字"延庆"嵌入句首，既展示了对弟子的厚爱，也寄托了对他的期望。他欣喜万分，赶快翻出毕业纪念册，将寄语放入其中。此时他十分兴奋，又进一步提出请龙先生再写一遍——直接誊写在毕业赠言册的第一页上，先生很爽快地答应了，于是就有了两个版本的导师寄语（图 8-4、图 8-5）。

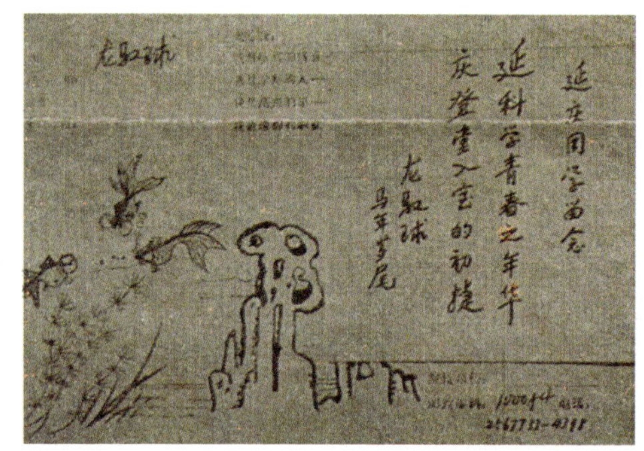

图 8-4　导师寄语（1）

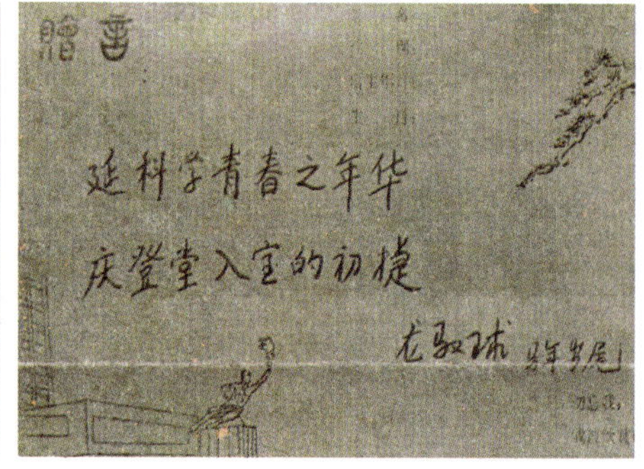

图 8-5　导师寄语（2）

正是这一寄语，一直激励着张延庆在教学和科研工作中孜孜不倦，自强不息，累创佳绩。这就是"寄语"的魅力："毕业时播下一颗种子，回首时长出一片绿荫。"

七、出自肺腑的"华诞贺匾"

为了祝贺龙先生八十寿辰，他的第一个博士生袁驷和"文革"前的第一个副博士研究生崔京浩作为主编为他出版了一本巨著《有限元法与板壳分析》。

袁驷为此书写了一篇序，摘录于下：

龙驭球院士是结构工程领域的一代名师，学问深厚、文著充栋、弟子众多、桃李天下、厚德载物、驰名中外。学生和同行们平时都习惯于亲热地称龙驭球院士为龙先生——良师益友的情感同含。

龙先生是清华大学土木工程系的第一名博士生导师、第一位院士，为土木工程系培养出第一名博士，指导出第一篇全国优秀博士论文——为土木工程系赢得了众多荣誉，做出了突出贡献。

龙先生是力学学会第一届结构工程专业委员会主任委员，是全国结构工程学术会议第一届学术委员会主席，是中国力学学会将《工程力学》学报委托清华大学土木系承办时第一任主编——为我国结构工程学科的发展和建设作出了巨大贡献。

龙先生长期主持教育部结构力学课程教学指导工作。他主编的《结构力学》教材，更是誉满天下、几代人传诵，获得了本科教材所能获得的最高奖励——国家科学技术进步二等奖；其历史地位、社会效益、学术意义、示范价值很难用寻常标准来评说。

龙先生一手科研、一手教学，互促并举、相长并进、互取共赢。科研上"平中创奇、泥里挖金"，教学上"深入浅出、精益求精"。龙先生凡事从容大度，举重若轻，于幽默处见睿智，在朴实中见谦逊。人们称颂龙先生是"名师出高徒"，龙先生风趣而又谦逊地送了一句"回文"：应该倒过来读——"徒高出师名"！

龙先生厚重寡言、外憨内秀；作为一代名师，诲人的态度令人亲近，奉献的精神令人敬仰，创新的思维让人钦佩，执着的追求让人感奋；心甘于学，业精于勤，行胜于言，功大于名。

为了祝贺龙先生八十岁生日，他的弟子们将上面最后的 16 个字镌刻在一块金属匾额上（图 8-6），献给龙先生作为寿礼。

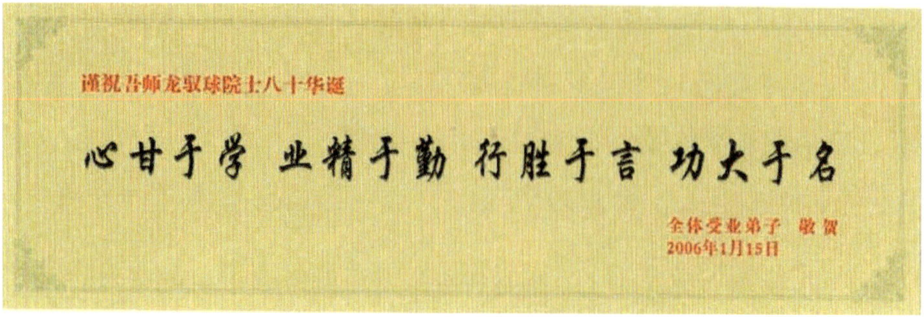

谨祝吾师龙驭球院士八十华诞

心甘于学 业精于勤 行胜于言 功大于名

全体受业弟子 敬贺
2006年1月15日

图 8-6 祝贺龙先生八十寿辰的金匾

八、青年教师讲课竞赛闭幕式上讲故事

龙先生在培养和鼓励青年教师成长方面可谓是尽心尽力。在他主持的学术期刊《结构工程学报》和《工程力学》上，为许多青年教师和学者开辟了展现学术成果和才华的园地，激励了更多年轻人迅速成长、成熟起来。他主持了多届结构力学指导小组年会和结构力学与弹性力学教学研讨会，使与会的中、青年教师不断提升教学和学术水平。为此，从 1996 年起，开始举办结构力学与弹性力学青年教师讲课竞赛。

1996 年，由结构力学指导小组主办，河海大学、东南大学承办的全国首届结构力学及弹性力学青年教师讲课竞赛在河海大学黄山培训中心举办。竞赛的结果，获奖者开心，未获奖者不大开心。有选手千里迢迢、背负学校厚望而来，眼看要空手而归，感到难以接受。有人呼吁给所有参赛者都发奖，哪怕三等、四等也行；还有人表示，如果得不到奖，他们将不参加会后上黄山游览的活动。显然，不解决这一问题，竞赛就难以说取得了“圆满成功”。评委们犯了难：如果人人有奖，那么奖的“含金量”和竞赛的权威性就有了问题，也为今后的竞赛开了一个不好的先例；但是，他们也不愿看到哪怕有一位青年教师不开心地离去。怎么办？大家的目光一起投向了“龙头”。龙先生笑笑说：好吧，明天闭幕会上，我给大家说两句。

第二天，龙先生先对竞赛作了全面的总结，并就如何讲好课谈了自己的体会，他在黑板上写了四句话：

白粉笔画龙点睛，小教鞭指点迷津；双肩挑科研教学，老课程不断翻新。

接着，他不疾不徐，给大家讲了两个故事。

一个是战国时期著名军事家吴起的故事。吴起与士兵同甘共苦，有士兵生疮，吴起用嘴为他吸脓，士兵的母亲知道后大哭。别人问：“你儿子当兵，生了疮，将军亲自为他吸脓，你该感动才对，哭什么呢？”母亲说：“你们有所不知。往年将军也为他父亲吸过脓，他父亲为了报答将军，拼命作战，最终战死沙场。现在将军又为他吸脓，不知他又要死在哪里了，我怎能不哭呢！”

另一个是龙先生自己的故事：“我这个人以前从来不管厨房里的事。有一天，家里人买了只鸡放在厨房，到做饭时又都有事出去了。我一看没人管，就自己动手做起来。大家一吃，赞不绝口：‘味道好极了！’我也很得意。谁知从此以后，家里弄鸡的事就成了我推脱不开的责任了！”说到这里，龙先生自己都笑出了泪水。

荣誉、奖励和责任、压力之间的关系，大家也都清楚，只是有人一时想一方面多了一点，忽视了另一方面而已；正确的态度自然应当是看重责任而看淡荣誉。但是如果这时板起面孔对他们说教，恐怕会让他们更加不高兴。龙先生借古论今，现身说法，指点迷津，娓娓道来，谈笑间冰释了一些年轻人的偏激，于是大家都高高兴兴地登上了黄山（图 8-7）。

图 8-7　龙驭球与参加结构力学指导小组会议的老师在黄山合影

在龙先生组织和参加的历次教学讨论会和青年教师讲课竞赛的评审过程中，当大家对一些课程内容的认识角度或讲授方法意见不同而争执不下时，人们总习惯于把目光投向龙先生，此时他话虽不多，但很有分量，总能让大家心服口服，在关键时刻起到举足轻重的作用。特别令许多青年教师记忆深刻的是，他对青年教师始终如一的宽容爱护，任何时刻都是肯定多于否定，鼓励多于批评，体现了一位大师的虚怀若谷。

九、广结球缘成挚友

在 1998 年 8 月 8 日《光明日报》“院士家趣”栏中登有“不解的球缘”一文，还配有侯艺兵拍摄的龙驭球院士挥拍上阵的英姿（图 8-8）。图旁配有解说：龙院士与乒乓球结下了不解之缘。你看，在两院院士大会期间，他还忙里偷闲，挥拍上阵哩！

不解的球缘

龙驭球院士与乒乓球结下了不解之缘。你看，在两院院士大会期间，他还忙里偷闲，挥拍上阵哩！

龙院士1948年毕业于清华大学土木工程系，留校任教，至今已整整50个年头。他出版了20本著作、160多篇论文，带出16位博士。年过古稀仍活跃于学科前沿。用他自己的话说，这要感激乒乓球，感谢30多年的老球友、老搭档陈志华教授。

去年他代表土木系参加了全校教工乒乓球赛，勇夺团体冠军。他戏称这是由于别人档不住他打球的“四绝”——“邓亚萍的长胶，刘国梁的绝招，庄则栋的快速，老黄忠的宝刀”。

球如其人。“博采众长，打出自己的风格”，是他的球道，也是他的治学之道。

不解之缘，与生同来，名含“球”字并非偶然。

图8-8　1998年8月8日《光明日报》的报道

不仅两院院士大会，其他各种会议，专业的和非专业的，只要去外地开会，他都要带着乒乓球拍，这已经是他的生活习惯，目的就是以球会友。久而久之，会议组委会了解了这些趣闻，也都专门安排一点时间进行乒乓球交流，这样他的球友就越来越多。

前面说到的他的学生张延庆，虽然工作很忙，担子很重，还是经常来清华大学看望龙先生，谈毕，也都要去乒乓球室打几盘。张延庆平时是打网球的，习惯于网球的动作，龙先生是近台快攻，于是两人展开一番较量。博士生龚耀清也是多年的球友，而且身兼四职：球室的管理员，乒乓球的教练员和陪练员，土木系工会代表队队员。

以球会友，的确使龙先生结识了很多朋友。以球会友，与生俱来，名含“球”字，并非偶然。

湖南大学刘光栋教授回忆起他与龙先生的“球缘”。那是1982年，他俩同时在重庆参加结构力学研讨会，过去并不认识。会间休息，乒乒乓乓，大家打起球来。谁都没有想到，个头不高，胖胖墩墩的龙先生把一个个对手都打败了。大家称赞他的球艺，龙先生半天未作声，突然，他半认真半开玩笑地说：“谁能打败我，将来谁就先提教授。”这句话引来一片笑声。时为副教授的刘光栋一直在旁观战，听到这句话，便说：“我来试试！”两人一番厮杀，刘光栋真的赢了两盘。旁观者热烈鼓掌，有的开玩笑：“刘光栋可以先当教授了！”果然大家下次开会见面时，刘光栋真的先当了教授。

后来刘光栋任湖南大学党委书记。他于 2000 年聘请龙驭球为湖南大学兼职教授，并在湖南大学开设新型有限元法和能量原理等课程。每次讲课，刘书记都来听讲，并且坐在第一排。

他们还合作出版了下列两本著作：

（1）《中国土木建筑百科辞典——工程力学卷》，龙驭球，刘光栋，唐锦春主编，中国建筑工业出版社，2001 年 12 月。

（2）《能量原理新论》，龙驭球，刘光栋，何放龙，罗建辉著，中国建筑工业出版社，2007 年 10 月。

打乒乓球是龙先生生活中不可或缺的部分，也是他践行清华学子“为祖国健康工作五十年”的庄严承诺，坚持不懈，把锻炼身体变成一种乐趣。留校任教，至今已工作 70 多个年头。他著作等身弟子众多，年过耄耋仍活跃于学科前沿，精力旺盛。用他自己的话说，这要感谢乒乓球，也感谢 30 多年的老球友、老搭档陈志华教授。

1997 年，龙先生代表土木系参加清华大学全校教职工乒乓球比赛。清华大学教职工众多，乒乓球高手更不乏其人，此时龙先生也已年过七十。但他沉着应战，敢于拼搏，最后勇夺团体冠军。别人称赞他，他戏称这是由于别人挡不住他打球的“四绝”——“邓亚萍的长胶，刘国梁的绝招，庄则栋的快捷，老黄忠的宝刀。”

球如其人，“博采众长，打出自己的风格”，是他的球道，也是他的治学之道。

十、在清华大学土木水利学院2018年毕业典礼上的演讲

2018年是龙驭球大学本科毕业70周年。7月6日清华大学土木水利学院在清华大礼堂举行2018年毕业典礼。92岁高龄的龙驭球院士身着导师服，在庆典上发表了演讲（图8-9），为475名毕业生送上人生的洗礼，全文如下。

图8-9 龙驭球在2018年清华大学土木水利学院毕业典礼上演讲

跨越70年的毕业同学谈心

同学们：

你们毕业了，我向你们祝贺！

我今天是以一种特殊的身份来参加这个典礼的。今年是2018年，你们是8字班的毕业生，我也是8字班的毕业生。那是1948年，毕业已经70年了。虽然相隔70年，可是我们都有一个共同的名字（8字班毕业同学）。今天是我们共同的庆典，我以这个特殊的身份来参加庆典，真是难得！

今天我与同学们谈谈心，讲两点回忆、几个故事。

我是湖南人，又是山里人。从小在山窝里跑来跑去，养成两点特殊性格：

一是“耐烦”——有耐心，不怕麻烦，有一股锲而不舍的耐心和韧劲。

二是“霸蛮”——有霸气，不服输，有一股永不服输的霸气和蛮劲。

1. 先讲我的“耐烦”经历和故事

我一生经历过顺境（比较顺利）和逆境（比较倒霉）。1948年毕业，喜迎解放，意气风发。当了4年助教，1952年顺利地升为讲师，这是顺境。

后来就遇上逆境了。当了26年的老讲师没有动窝。直到“文革”结束后的1978年，才由讲师越级升为教授。当时已经52岁了。亲友学生们都替我焦急，说我创造纪录了（创造了“26年当讲师”的最高纪录）。

身处人生逆境，我的对策就是发扬山里人的硬脾气和软功夫：不吭声，不焦急，冷眼相对，看你怎么的？！

具体做法是：采用“分身术”（就是一个人扮演两个角色）：一方面，我们每个人都在人生舞台上当演员；另一方面，我又找机会，跑到台下，去当一名观众。

当观众有两个好处：

（1）观众看问题比较客观、理性，心情安定，不焦急。

（2）观众非常好奇。对剧情发展都想寻根究底，问个明白。例如，26年当讲师的纪录是不是最高纪录？有没有人打破过这个纪录？都想调查清楚。

调查情况简述如下：

（1）华东师大有位国学大师头戴“讲师帽”的准确纪录是38年（比26年长多了）。

（2）在古人里边，有个诗人陶渊明。他在世的时候默默无闻，没有知音。一直到600多年后的宋朝，有个苏东坡（即“东坡居士”），他一边在东坡种地，一边读陶渊明的诗，对陶渊明特别欣赏。从此陶渊明才闻名于后世。

这个调查结果很有意思：我等了26年，那位大师等了38年，陶老先生却等了600多年，真有意思！

回想起我当26年讲师的经历，也是蛮有意思的。“文革”初期，我从农场回到清华大学，看到我国科研工作全部瘫痪，与国外的差距越来越大，感到忧心忡忡。于是挑灯夜读，开始研究“有限元法”这门新学问。先是写讲义，后来出版新书。书很快卖完了。听说有位杰出青年，他买不到书，就借来一本，抄了厚厚一大本，捧着苦读，如饥似渴。我听说有这么一位青年知音，虽然没有见过面，心里特别感动、激动：一方面，我感谢这位年轻人（心想：“这样的铁杆知音，有一个就很满足了！”）。另一方面，我忽然觉得我发现了一个新人（就是我自己），就像苏东坡发现了陶渊明那样（心想：你这个老讲师，还真有两下子！）

后来我继续研究有限元法30多年，终于在2014年过88岁生日的时候，获得国家自然科学奖。这就是我的“耐烦”经历和故事。

2. 再讲我的“霸蛮”经历和故事

“霸蛮”，就是“不服输”和“不服老”。下面讲一下我“不服老”的经历。

1978年以后，我当了15年教授，到1993年（我已67岁），学校叫我退休，成为“退休教师”，叫我去颐养天年。可是我不领情，不服老，不想去颐养天年。

过了两年，1995 年我当选为院士。学校又把我请回来，第二次成为“在职人员”。我趁这个难得机会，就把“退休老教师”这顶帽子扔了，扔到荷花池里去了。还别出心裁，给自己做了一顶新帽子，叫做“中老年教师”。意思是说，我不是纯粹的老人，我是中年与老年的复合体。这就是我的“霸蛮”故事、不服老故事。

“霸蛮”的结果怎么样？还是颇有收获的。举个例子，1993 年我第一次退休时，发表论文数——109 篇；现在的论文数——260 篇（增加了 1.4 倍）。

我想，在一生中，有机会发一点蛮劲，还是不错的，这是一个“既有意义又有意思”的经历。

3. 结语（人生感悟歌谣）

顺境戒骄，逆境戒躁。自强不息，锲而不舍。

我的功夫是“耐烦”。

老骥伏枥，志在千里，院士暮年，壮心不已。

我的绝招是“霸蛮”。

谢谢！

第九章　有味人生觅小诗

——诗意栖居

一、平生忙力学、岁暮写秋歌

龙驭球大半辈子在理工圈子里讨生活：在高中分在理科班，在大学读工程系，毕业后搞工科力学。

随着青丝渐白，境遇与心情也有变化。在不知不觉中，阅读范围增加了一些文史哲，写作内容也增添了一些打油诗（秋歌）。现从中选取一些，分成四组展示如下：

秋歌Ⅰ组——科教兴邦心愿：秋歌 10 题，共有诗 14 首，和诗 6 首。

秋歌Ⅱ组——结构会议记趣：秋歌 10 题，共有诗 11 首。

秋歌Ⅲ组——教书育人偶得：秋歌 8 题，共有诗 16 首，和诗 1 首。

秋歌Ⅳ组——喜庆唱和抒怀：秋歌 7 题，共有诗 10 首，和诗 5 首。

以上共有秋歌 35 题，诗 51 首，和诗 12 首。

二、秋歌Ⅰ组——科教兴邦心愿

第一部分含秋歌 10 题，记录科教工作中的一些情景和心怀。有诗作 14 首及亲友和诗 6 首。

（一）笔杆渔竿心曲（1995 年抒怀）

1995 年 5 月当选院士时收到朱光亚院长贺信，1993 年 9 月退休时接过友人的钓竿贺礼。两样贺礼，编织成一段心曲：

笔杆焦黄渔竿青，黄勤青懒未了情。

夕阳唤我登高去，万点红霞好钓云。

龙驭球

1995 年于清华

附：和诗 4 首

（和诗 1）单建和诗

长青树

——步韵呈龙先生并以为贺

别树飘零此树青，霜严风肃岂知情？

都缘自有童心在，老干偏能叶似云。

单建敬贺

1995.10.16 于大连

（和词 2）崔京浩和词

如梦令

——和龙先生“黄勤青懒”诗

黄勤青懒莫怨，只因未了宿愿。挥笔钓飞云，直上科技巅峰。还愿 还愿，黄道吉日戒烟[1]。

崔京浩 1995.10

---

[1] 学生亲友劝戒烟，龙先生许愿：“院士当选后一定戒烟。”果然，把烟戒了。亲友来贺，他笑着说：“还是京浩那首‘如梦令’写得好，词牌也选得好！首先，词牌里有一个‘令’字，京浩虽是我学生，他是持‘令’而来，老师也不得不听‘令’呀！其次，词牌里还有‘如梦’二字。戒烟终于成功，心情如此舒畅，真是‘如梦’一样。”

（和诗 3）盛禹九[1]和诗（1999 年）

喜再逢

如霜鬓发旧音容，四十余年喜再逢。

有限新元誉中外，无涯学海任纵横。

乒坛诗苑闲情雅，伊水梅山夙谊浓。

君是名园浇灌叟，秾桃艳李伴青松。

驭球院士雅正

己卯孟春梅城盛禹九于京华

此诗篇一直悬挂在龙先生的客厅里（图 9-1）。

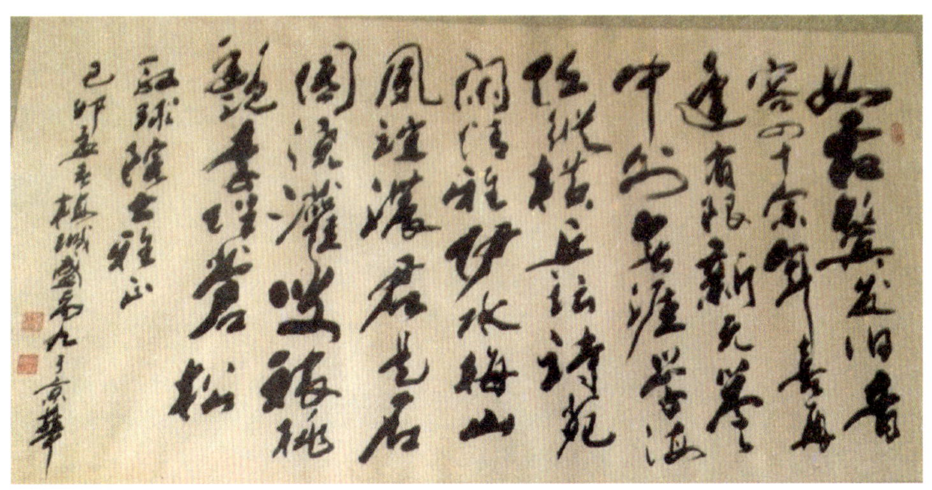

图 9-1 客厅里悬挂的诗篇

（和诗 4）龙震球兄妹和诗

闻喜讯

——喜闻老二当选院士

淡泊三湘客，清华五十秋。

[1] 文史学者，安化梅城乡友，英武中学校友。

身心系学府，桃李满神州。

院士多良骥，儒林一老牛。

兄妹闻喜讯，热泪满眶流。

震球 国卿 名卿[1]

同贺 1995 年 6 月

（二）四季春风组歌（四首）

（1993—1998 年）

母校恩师像一坛老酒，时间愈久，香味愈醇。学生对母校恩师的怀念感恩与日俱增。师恩不忘，师恩未忘，师恩难忘！

忆母校（1995）

四季春风何处寻？就在母校校园中。

不论寒来与暑往，桃李依旧笑春风。

忆恩师（1995）

四季春风何处寻？满园桃李记心中。

学生当选院士日，难忘先生培育恩。

维师八十华诞（1993）

一代宗师德望高，桃红李白竞妖娆。

书斋弟子颂华诞，有限新元当寿桃[2]。

士嘉慈师（1998）

士林有嘉木，嘉荫护稚松。

慈眉一支笔，师泽润无声。

---

[1] 龙驭球的哥哥和两个妹妹。

[2] 弟子用在书斋里培育的新果（新型有限元研究）作为“寿桃”向张维恩师祝寿。

“士嘉慈师”四字既写在题目里，又藏在句首里。弟子在此向士嘉慈师双倍感恩。

（和诗 1）单建和诗一首（2011）

读龙先生《士嘉慈师》诗有感

吾师吾甚爱，师亦爱其师。

青岁鸡雏喻，耄年荫泽诗。

纯哉弟子爱，大矣先生慈。

汩汩甘泉水，传承无尽期。

（三）临江仙·欢歌笑舞闹连工（1995）

1995 年秋，结构力学课程教学指导小组年会在大连理工大学召开。会后开联欢会，龙驭球、单建联袂填词，记述盛况。

结力课程工作会，大小菩萨天神。每年一度盼重逢。一人有喜事，个个兴冲冲。（龙）

喜事年年皆有讯，今番更不相同。欢歌笑舞闹连工。座中谁最乐？院士醉颜红。（单）

（四）观摩青年教师讲课竞赛有感（1996）

1996 年秋，高等学校工科结构力学及弹性力学青年教师讲课竞赛在河海大学黄山培训中心举行。不同讲法，多种风流。观摩之余，龙驭球在颁奖会上贺诗一首。

白粉笔画龙点睛，小教鞭指点迷津。

两铁肩科研教学，老课程不断翻新。

（五）访琼抒怀（1996）

1996 年在海南大学讲学后，与缪加玉教授同游“鹿回头”。观灵鹿而兴叹，写诗一首。

清华海大两联姻，天涯海角成近邻。
灵鹿多情频回首，教我如何不动情。

龙驭球于海南大学

（和诗 1）和龙先生《访琼抒怀》

缪加玉

昔日东坡授古文，而今院士又传经。
多情桃李花绽放，不负琼崖尽是春。

（六）两院院士大会授奖式有感（2000）

2000 年 6 月，喜获中国工程科技奖，在两院院士大会上由李岚清副总理授奖。

教学科研五十春，长宵伴读有星辰。
科研创新常思进，教材锤炼不厌精。
复兴中华世纪梦，繁荣科技日夜心。
生逢盛世不知老，白发飘飘更有神。

（七）暮年回湘讲学（2007）[1]

龙驭球晚年应邀回家乡湖南大学讲学。与刘光栋、何放龙、罗建辉教授合作，讲授能量原理课程。书稿《能量原理新论》由中国建筑工程出版社于 2007 年出版。在该书的前言中，龙驭球作七律一首，抒发乡愁与友谊之情。

三湘子弟燕京客，水木清华六十年。

❶ 湖南大学位于橘子洲头湘水之滨。

残梦萦回桑梓影，杏坛移往橘洲边。

四人联袂同宣讲，几度翻新共细研。

友谊乡情丝两缕，千秋古院[1]织新笺。

龙驭球录自《能量原理新论》前言

（八）惊遇“互伴定理”（二首，2012）

2012 年，在《工程力学》学报上发表杆件结构力学中的“平衡 - 几何”互伴定理[2]。乘兴写下小诗两首。

（其一）

灵光一闪，豁然开朗。

写下定理，欣喜若狂。

喃喃自道：

这就是我在找的！

这就是我要找的！

（其二）

朝思暮想，东躲西藏。

欲罢不能，忽然碰上。

嫣然一笑：

原来在这里等着我呀！

原来一直在等着我呀！

（九）编写教材三心愿（2012）

1966—2012 年，龙驭球团队编写《结构力学》教材系列，修改

[1] 千秋古院指岳麓书院（湖南大学的学脉源头）。

[2] 参见《工程力学》，2012，29（5）：1-7。

了7次，出版了8个版本，共计15卷，46年中牢记“境界三提升”的心愿。

教学上求精——锤炼故学，

交融传神成精品。

科研上创新——创立新知，

老树春深更著花。

方法上论道——由技进道，

提升哲理出智慧。

（十）清华图书馆百年华诞（2012）

清华旧事，可记得

《雷雨》在大厅长桌上写出[1]？

读书乐趣，常邀请

“百家”于小园香径里争鸣！

龙驭球

一名老抢座者的新贺词

三、秋歌Ⅱ组——结构会议记趣

这一部分诗作含秋歌10题，是围绕各届结构工程会议而写的小诗。作为会议的学术委员会主席，龙先生为会议论文集写序言，其中介绍会议的论文情况、日程安排、评优事项和当地风情，而在序末都以小诗结尾。在9届会议（第三届至第十一届）的论文集序言中共赋诗9题10首，另外附诗1首，总共为10题11首。

[1] 顾毓琇有言：“清华图书馆了不起呀！曹禺就是在这里写出的《雷雨》。”

（一）贺第三届结构工程会议

（太原，1994）

第三届结构工程学术会议在太原工业大学（位于迎泽路）召开。祝贺会议代表在迎泽路上慷慨高歌，祝愿会议雄文与五台山试比长寿。

锡杖游书海，良文落笔端。

长歌迎泽路，寿比五台山。

诗中藏“锡良长寿”于句首，兼向会议特邀嘉宾、天津大学刘锡良教授祝寿。6 月 6 日是会议开幕日，正好又是刘教授 66 岁生日，真可谓“六六大顺”。会议有喜讯，诗句多情谊。

（二）贺第四届结构工程会议

（泉州，华侨大学，1995）

五年中举办了四届结构工程会议，相继于徐州、长沙、太原、泉州召开，共发表论文千篇。

淮海青松岳麓枫，杏花酒后赏刺桐。

五年吟就诗千首，浩荡兴邦科教风。

诗中前两句依次点出四地风光的美好记忆：徐州的淮海纪念塔，长沙的岳麓山枫林，太原的杏花酒，泉州的刺桐树。

（三）贺第五届结构工程会议

（海口，海南大学，1996 年 11 月）

会议于椰林宝岛召开。与东坡祠相邻，千古遇知音。

似锦冬花草如茵，椰林列队笑迎宾。

东坡词畔弦歌起，海角天涯遇知音。

（四）贺第六届结构工程会议

（南宁，广西大学，1997）

会议于南宁召开。在香港明珠回归祖国之秋，重温“合浦珠还”的历史，庆贺国兴珠还之盛事。

浣溪沙·庆珠还

合浦千年产宝珠，西珠东宝都不如，重温古训忆还珠。

九七珠还雪耻日，南宁会议聚群儒，三巡喜酒献三书❶。

（五）贺第七届结构工程会议

（石家庄铁道学院，1998）

会议于自古多慷慨悲歌之士的燕赵之地召开。可追忆长坂坡和西柏坡的风云历史，朝觐赵州桥的结构圣地。

省会原为小村落，老乡大闹长坂坡。

三大战役风云急，猎猎帅旗西柏坡。

荆轲击筑声犹在，名桥依旧卧清波。

高歌慷慨燕赵地，结构工程共切磋。

（六）贺第八届结构工程会议及中青年优秀论文授奖会

（昆明，1999）

会议与昆明世博会同期召开，科技美与自然美相映成趣。

（其一）双会吟

世博园林万象台，争奇斗艳百花开。

如花锦绣文三卷，要与天香比试来！

（其二）中青年优秀论文授奖会

❶ 此次会议论文集为三卷巨著。

结构同行聚昆明，科技花开春意浓。
新秀论文声琅琅，老儒评议笑盈盈。
花香书香共竞溢，友情诗情齐交融。
相互切磋意未尽，明年予约在蓉城。

（七）贺第九届结构工程会议

（成都，西南交通大学，2000）

会议于锦官城（成都）召开。校园镜湖畔有老校长茅公以升雕像。学校两次西迁，与西部大开发喜结良缘。

路矿学堂何处寻？锦官城北镜湖滨。
茅公笑听弦歌曲，雏凤清于老凤声。
百年名校多俊彦，西迁两度岂无情！
西部开发千秋业，共创辉煌一片心。

（八）贺第十届结构工程会议

（南京，河海大学，2001）

十届会议，绿叶成荫。十校接力，承办有功，值得铭记。

结构会议岁岁新，十年树木已成荫。
淮海塔下❶初开业，岳麓山前❷又见君。
谈笑风生迎泽路❸，争鸣气贯武夷云❹。

❶ 中国矿业大学。
❷ 湖南大学。
❸ 太原理工大学。
❹ 华侨大学。

南宁[1]会前来椰岛[2]，赵州桥[3]后聚春城[4]。

杜甫堂边[5]思妙法，秦淮[6]月下论奇文。

绵绵十校传薪火，缕缕书香醉学人。

（九）贺第十一届结构工程会议

（长沙，湖南大学，2002）

会议第二次在千年学府湖南大学举行。在岳麓书院大门前，可以欣赏“唯楚有才，于斯为盛”的名联。在书院旁的吹香亭，引人发出“吹香何处来”的沉思。

唯楚有才兮，来自八方，

于斯为盛兮，济济一堂。

千年学府兮，桃李成行，

春风吹香兮，祖国以光。

（十）外一首

藏乡行（1997）

会议开完赴西宁，日月山口日月亭。

青青草原如织锦，点点丁香是羊群。

蓝海神游踏细浪，绿茵闲卧数浮云。

主人聪慧安排巧，难忘逍遥藏乡行。

---

❶ 广西大学。

❷ 海南大学。

❸ 石家庄铁道学院。

❹ 云南工业大学。

❺ 西南交通大学。

❻ 河海大学。

四、秋歌Ⅲ组——教书育人偶得

这一部分含秋歌 8 题，是教书育人过程中偶然闪现的思想火花的追记。其中“(二)影与虚的妙用”是讲“虚功原理”的心得,“(七)读书三品味”是为清华大学百年校庆所写的“寄语”。这一部分共有诗 16 首，和诗 1 首。

(一)善问(二首)(2000)

求解先提问

解惑先存惑，追梦先有梦。
攻关先指关，求解先提问。

提问是点睛

指关是聚焦，提问是点睛。
深山何处钟？循声找仙踪。

(二)“影”与“虚”的妙用(五首)(2001)

影与形相随，虚与实相伴。在文学和科学中，影与虚都有妙用。

测影

清华中轴线，日晷成景点。
测日常伤目，测影多方便。

写影

宋词夸“三影[1]”，力学尚“虚功”。
虚功有妙用，写影特聪明。

[1] 宋词人张先善写影，其写影三名句广为传诵，世称“张三影”，传为文坛佳话。

钓诗钩

李白斗酒诗百首，诗成笑傲凌沧洲[1]。

好诗暂作下酒菜，美酒原是钓诗钩。

虚力法求位移

拟求结构某位移，虚设相应单位力。

虚力当作钓鱼钩，钓得位移好神奇。

虚位移法求反力

拟求结构某反力，先设相应虚位移。

虚设位移作何用？钓出反力奇不奇？

（三）听东坡与牛顿聊天（2003）

觅真理立巨人肩上（牛顿）

出新意于法度之中[2]（东坡）

（四）东坡问答四则（2005）

1. 腹装何物？

——“一肚子不合时宜。”（朝云答语）

2. 与谁同坐？

——“明月清风我。”（自答，见《点绛唇》）

3. 乡关何处？

——“此心安处是吾乡。”（柔奴答语）

4. 人间何味？

——“人间有味是清欢。”（自答，见《浣溪沙》）

---

❶ 参见李白《江上吟》，唐诗鉴赏辞典第257页。

❷ 见苏轼书吴道子画后：“出新意于法度之中，寄妙理于豪放之外。”

（五）“得意忘形”双解

（2005）

为人尚诚信，

提倡表里如一，

不可得意忘形。

为学重升华，

忘形才能“形上”❶，

偏爱得意忘形。

（六）追求优秀、笑看成功

（2008）

优秀可求。

“优秀”是“追求”的唯一准则：

精益求精，锲而不舍。

自己作主，懒看他人眼色。

成功可遇。

“成功”是“优秀”的顽皮伴侣：

同来，欢迎；没来，缘分。

成事在天，笑看云卷云舒。

---

❶ 形而下者谓之器，形而上者谓之道（《易·系辞上》）。
形而下者，有情有状是此器。形而上者，无形无影是此理（《朱子语类》）。
核藏果深处，道升器上边（龙驭球对联）。

（七）读书三品味

——博、薄、破之歌[1]（2011）

读博以培根，

读薄以求精，

读破以创新。

龙驭球 于清华百年校庆

（和词 1）单建和词

水调歌头

——拜见龙先生，获赠《院士寄语》

又入荷清苑，冒雨叩龙门。先生含笑亲迓，师母喜相存。闲话百年校庆，锦绣团花盛典，接柬未躬临[2]。赐我嘉言册，院士寄情殷。

读书道，三品味，细推分：读博培根固本；读薄务精深；最是难能可贵，读破前人圭臬，创意立高新。谨受吾师教，归路满清芬。

单建 2011 年 7 月 25 日

（八）歌谣四首（2017）

“创新四基”谣

基（jī）——扎实基础（无基，就是瞎闹）

疑（yí）——善于质疑（善疑，算有眼力）

喜（xǐ）——十分喜爱（有趣、有谜、有味）

毅（yì）——顽强毅力（成功，总在风雨后）

---

[1] 原载清华大学百年校庆纪念册《世纪清华·院士寄语》。

[2] 清华大学百年庆典在人民大会堂召开。龙先生收到请柬，以年高体弱，未能躬临。

"科研常态"谣

雾（wù）——求道雾蒙蒙

误（wù）——试错反复寻

悟（wù）——悟道一点通

呜呼（wū hū）——呜呼

舞（wǔ）——手舞足蹈乐无穷

"知趣"谣

成功有趣，失败也有趣。

到处有趣，贵在寻趣。

幽默就是寻趣、知趣。

"谢谢"谣

人生有"序"，来到人间要感恩。

人生有"跋"，辞却人间要谢幕。

两头感谢，故称"谢谢"。

五、秋歌Ⅳ组——喜庆唱和抒怀

这一部分含秋歌 7 题，是在喜庆节日里写的一些抒怀诗和唱和诗。其中第一首诗是 2001 年 7 月纪念建党八十周年的抒怀诗，刊登在 7 月 6 日的《湖南日报》（图 9-2）上。除此

湖南日報

2001年7月6日　星期五

院士抒怀　院士抒怀

建党八十周年抒怀

中国工程院院士、清华大学教授 龙驭球

三湘子弟燕山客，水木清华五十春。
手执教鞭迎岁月，灯摇笔影伴星辰。
炎黄崛起平生愿，科教繁荣此日心。
党庆八旬吾未老，飘萧白发更精神。

图 9-2　建党八十周年抒怀（2001）

之外，还有师生亲友之间的一些生日唱和诗。例如“一书改罢头飞雪”是为龙驭球 80 岁生日写的。这实际上是一声长叹——一声深沉豪放的浩歌长叹。又如“病榻旁的生日捧读”和“火车上的伴梦归”，是九十岁时师生之间的一唱一和，并配有火车车轮的铿锵伴奏。这一部分共有诗作 10 首及友人和诗 5 首。

（一）建党八十周年抒怀（2001）

三湘子弟燕山客，水木清华五十春。
手执教鞭迎岁月，灯摇笔影伴星辰。
炎黄崛起平生愿，科教繁荣此日心。
党庆八旬吾未老，飘萧白发更精神。

（二）一书改罢头飞雪

——八十抒怀（2006）

而立之年编讲义❶，评优出版又十春❷。
闻钟起舞迎岁月，斟词酌句伴星辰。
结力改编半世纪❸，“青椒❹”变脸白头翁。
一书改罢头飞雪，喜看薪续火常明。

（和诗 1）贺恩师八十华诞（2006）

厚重勤奋是吾师

淡泊三湘客，清华六十秋。

❶ 三十岁时（1956 年）自编油印讲义多轮，历时十年。

❷ 讲义评优后，推荐给高等教育出版社正式出版，时年 40 岁。

❸ 1956—2006 年，历时 50 年，《结构力学》教材油印多轮，铅印 7 轮。

❹ 青椒：青年教师。

寡言多著述，质朴蕴风流。

结力[1]成经典，新元[2]誉九州。

天道酬勤奋，不息驭新球。

学生：崔京浩 袁驷 辛克贵 须寅 岑松 敬贺

2006年1月

（和词2）

水调歌头

庆龙先生八十华诞（2006）

今日是何日，胜友集如云。逢迎千里，佳客满座庆良辰。笑指湖塘冰雪，环望庭园松柏，但觉更精神。齐颂先生寿，八十赛青春。

分区妙，协调广，创元新。镂金琢玉，心血半世铸鸿文。莫道黄忠老矣，依旧宝刀锋利，山海自高深。试看乒坛上，夺冠是谁人？

弟子 单建 敬献

2006年1月15日于清华

（三）忆有限元法耕耘岁月

——米寿获奖抒怀（2014）

耕耘屈指四十年，“文革”初闻有限元。

出版五书圆旧梦，突围四次[3]辟新天。

中西智慧交辉映，学术难题巧析研，

---

❶ 结力，指所著《结构力学》教材系列。

❷ 新元，指新型有限元科研成果。

❸ 四次突围指：学科难题中突围——理论创新；单元丛林中突围——模式创新；国际名著中突围——中华智慧；国际软件中突围——国产软件。

国奖[1]捧回逢米寿，“蟠桃”[2]摆上作神仙。

龙驭球 时年米岁[3]

（和诗1）卢有杰和诗

神州迷乱恨十年，但喜云开改纪元。

重整荒芜插晚稻，又耕处女趁春天。

破题立异思奇转，著述解说墨细研。

颁奖台前苍柏翠，荷清苑里可修仙。

（四）卜算子·米寿吟（二首）（2014）

壮年华

说话慢悠悠，做事静悄悄。讲义研磨十几年，教本才出鞘[4]。

美妙壮年华，文革折腾掉。眼看讲师白发生，破格升教授[5]。

老来俏

当选院士时，已是离休后[6]。国奖初临已古稀，再奖逢米寿[7]。

喜搭末班车，自嘲老来俏。淡泊清欢第二春，有梦常微笑。

---

❶ 国家自然科学奖。

❷ 以国奖代蟠桃。

❸ 88岁。

❹ 26岁（1952年）任讲师，40岁（1966年）出版《结构力学》教材。

❺ 52岁（1978年）由讲师升教授。

❻ 67岁（1993年）退休，69岁（1995年）当选院士。

❼ 73岁（1999年）获国家科技进步奖，88岁（2014年）获国家自然科学奖。

（和词 1）单建和词一首

庆春泽

贺龙先生获国家自然科学奖

并贺先生米寿

瓦缶鸣雷，盐车伏骥，鲤洲瘗鹤埋金[1]。十载荒芜，故园水木惊心。偶从文献窥环宇，有限元，风起青苹。揽扶摇，白发初生，不废耕耘。

难题破解源头上，运中华智慧，理论翻新。广义协调，自然、混合、区分。会堂膺奖寻常事，早赢来，国际尊钦。美桑榆，庆米加餐，得火传薪。

单建

2014 年 1 月 15 日于南京

（五）病榻旁的“生日捧读”（二首）（2016）

单建专程从南京来祝贺龙驭球九十岁生日，并带来贺诗新集《荷清风远》。龙驭球病榻中捧读后，作“生日捧读”二首，顺手写在明信片上。

（其一）

《荷清风远》，情深欲溢。

生日捧读，边读边忆。

三十多年，亦徒亦弟。

南北相望，经常惦记。

---

[1] 瘗（yì），掩埋。此句指“文革”期间龙先生在江西鲤鱼洲农场劳动，如同白鹤被困不能展翅，黄金被埋不能闪光。

（其二）

偶有诗作，千里相寄。

忘年之交，忘忧之谊。

为师乐趣，何需寻觅！

荷风清远，南风似蜜！

龙驭球于病榻

2016.1.15

（和诗1）单建

火车上的“伴梦归”

一张邮片数行诗，

千里荷风伴梦归。

梦里先生辞病榻，

龙睛鹤发语依依。

单建

2016年1月16日于返宁火车上

（六）园丁四季歌（二首）（2016）

学校举行“龙驭球院士从教68年回顾及九十华诞庆贺会”。半个多世纪园丁生涯中的四季风景在脑海中回荡，作《园丁四季歌》二首。

（其一）

（春）初出茅庐意气高，（夏）“文革”焦心负重行。

（秋）大地春回争分秒，（冬）院士暮年不知老。

（其二）

春翻山，夏耐烦，秋赶路，冬霸蛮。

四季奔忙影零乱，桃李芬芳心喜欢。

（七）《有味人生觅小诗》编后题跋（2018）

老来学作诗，经不起咬文嚼字，希见谅躲避。

老年变法之作，

原是自吟自乐。

也可亲友戏赏，

不宜又咬又嚼。

龙驭球 2018 年

结　语

本书编写历时数年，多人参与，几易其稿，今天总算结稿。现在简略地梳理一下龙驭球院士的经历、著述、创作和贡献，当然也包括他最为人们称道的人品。

1926 年 1 月 15 日，龙驭球院士出生于湖南安化梅城镇。祖父龙知德是一位私塾老师。从 4 岁起他就随祖父学作对联、背诵唐诗、临摹字帖，后来就读于当地的洢泉小学和英武中学（现为安化一中）。1941 年 1 月初中毕业，时年 15 岁，他于当年暑假考取位于安化兰田镇的国立师范学院附属中学（简称国师附中）高中班。

高中毕业后，1944 年 9 月龙驭球以优异的成绩进入由于日寇侵华已被迫内迁至贵州的唐山交通大学。不久日寇直逼黔南，学校停止上课，通知学生到重庆去集中。龙驭球徒步前往重庆。1945 年 2 月上旬，到达四川璧山开学复课。1945 年秋转学昆明西南联大，就读于土木系二年级。

西南联大全称国立西南联合大学（1938—1946 年），由北京大学、清华大学和南开大学三校组成。日寇投降后，联大师生陆续北返平津。返京后，龙驭球进入清华大学学习。在那个特殊的年代里，清华师生坚持严谨治学，学子们大都受到全面的锻炼。不少人在中华人民共和国成立后成为国家领导人、学术大师、社会主义建设各条战线的骨干。

据清华大学校志统计，1946 年至 1949 年在校学习的清华学生中，有 51 位当选为两院院士。龙驭球就在其中。

1948 年龙驭球从土木系毕业，考取了清华大学研究生并兼任水工试验所助理研究员，导师为中国著名的流体力学家、教育家陆士嘉教授。在陆先生的指导下，不到一年，龙驭球就发表了第一篇论文。张维先生是我国著名的力学家、两院院士，曾任清华大学副校长、中国科协副主席，长期从事结构力学和固体力学的研究，龙驭球有幸同时受到了这两位学者的指导。

龙驭球攻读研究生一年后，回到清华大学土木系结构力学教研组任教。这时张维先生在板壳分析方面有一些科研课题，也让他参加研究。龙驭球扎实的数学功底和清晰的力学概念让张维刮目相看。当时接到国防工程关于开洞壳体分析的科研难题，张维推荐龙驭球承担这个课题的攻关。龙驭球指导的第一个硕士生崔京浩的毕业论文“球壳开有两个圆孔的应力集中问题”（1965 年）就是针对这个课题的研究成果。

从 20 世纪 50 年代到 80 年代，在张维先生指导下，龙驭球潜心于薄壳结构研究，取得了下述成果：1962 年提出折板结构和柱壳的力法；1964 年提出圆底扁球壳的初参数解法；1965 年提出椭圆抛物面扁壳应力集中问题的摄动解法；1981 年提出圆底扁球壳在六种偏心集中荷载下的解析解；1985 年提出多边形截面框筒结构的能量解法；1986 年提出海洋平台管接头的厚壳元法。

这些成果相继在《清华大学学报》《土木工程学报》《应用数学和力学》《力学学报》《建筑结构》等学术期刊上发表。部分成果载入由建设部制定的《钢筋混凝土薄壳顶盖及楼盖结构设计计算规程》（BJG 16—65）以及《钢筋混凝土薄壳结构设计规程》（JGJ/T 22—98）。龙驭球担任规程的第二主要起草人。

编写独树一帜的结构力学系列教材是龙驭球重要的教学和学术成果之一。这里所提“独树一帜”，可从三方面来看：

第一，教学上求精——教材锤炼半世纪，十次出版成精品。例如，由学美、学苏到自编教材，由油印讲义到正式出版，读者层次由专修科、四年制、五年制到研究生，教材内容由计算简图提升为建模理论，由分章散论融合为静定结构总论、超静定结构总论，由传统力学转型为计算结构力学，引入并开拓能量变分原理，等等。老课开新境，老树发新枝。

第二，科研上创新——科研为教学解难，教学与科研齐飞。例如，将卡氏定理推广为势能、余能偏导数定理，创立分区混合能量原理，揭示和论证“平衡 - 几何”矩阵互伴定理，在矩阵位移法之外增加矩阵力法，研制与教材配套的计算软件“结构力学求解器”，等等。五次获高校优秀（或精品）教材奖（1988 年，1992 年，1998 年，2002 年，2007 年），并荣获国家科技进步二等奖（1999 年）。

第三，方法上论道——教育家历来都倡导“授人以鱼不如授人以渔”，结构力学这门学科历来以方法“灵活多样”著称，龙驭球统计大概有一百多种方法。各种方法之间关系错综复杂，有成对、成组、互等、互补、共轭、互伴、自伴等各种各样的关系。龙驭球在深入探求这些关系的基础上，专门写出一章“结构力学之道”，集中讲述结构力学方法论，把结构力学中丰富的具体力学方法，提高到方法论的高度。他认为具体的力学方法只能算是“知识”，只有把具体的力学方法升华为哲理的方法论，“知识”才升华为“智慧”。所以这部书的另一个特点是培养思维能力。

这套系列教材在五十多年中走了三步：首先，十次出版，精益求精；其次，教研并进，获国家科技进步奖；最后，方法上论道，提炼出“结构力学之道”。

“文革”期间，龙驭球发现国外的力学分析引入了计算机方法，这就是“有限元方法”。于是他自学钻研，经过一段时间的努力，终于在“文革”后期编写了一本有限元讲义。1978 年正式出版，书名为《有限元法概论》。该书讲法新颖、深入浅出、学以致用，从离散法的基本原理开始，一直到框图流程和程序，简明清晰地作了一个有头有尾、前后呼应的介绍，被誉为有限元教材中清新简洁、画龙点睛之作。当时全国出现有限元热，出版后很快脱销，有一位青年基金获得者居然手抄了一本，堪称佳话。

此后，龙驭球带领同事和研究生日夜耕耘、不懈努力。从 1981 年开始，龙驭球在新型有限元研究方向上一共培养了 19 名博士和 13 名硕士，其中包括全国人大常委、清华大学副校长袁驷教授（样条有限元法），鸟巢钢结构总工、中国建筑设计研究院副总工范重教授级高工（样条元和分区混合元），河北农业大学副校长孙建恒教授（广义协调扁壳元及其非线性分析），清华大学航天航空学院岑松教授（广义协调厚薄板通用单元、层合板元、自然坐标方法）等。

他认为有限元方法的精髓是离散化，应首先在变分原理中引入离散化，才能从源头创新，抓住制高点；同时，要融汇中西方智慧作为方法特色。在这两点认识基础上龙驭球开始了“新型变分原理”与“新型有限元法”的研究，先后取得了 5 个新型有限元系列和 116 个新型有限元模型。

（1）广义协调元系列——构造 54 个单元（其中薄板元 28 个，厚板、层合板元 11 个，膜元、壳元 15 个）。

（2）四边形面积坐标与自然坐标有限元系列——构造 24 个单元。

（3）解析试函数有限元系列——构造 11 个单元。

（4）分区混合有限元系列——构造 9 个单元。

（5）样条有限元系列——构造 18 个单元。

龙驭球在有限元领域出版了 5 本专著，发表了近 200 篇学术论文。多项有限元研究成果作为学术经典被编入大型典籍，例如李国豪院士总编的《土木建筑百科辞典 · 工程力学卷》（中国建筑工业出版社，2001）。杜庆华院士主编的《工程力学手册》（高等教育出版社，1994）。此外，还被编入多部教材，例如王焕定等编著的《有限单元法及计算程序》（中国建筑工业出版社，1997），熊祝华等编著的《弹性力学变分原理》（湖南大学出版社，1988），张根全编著的《有限元素法基本原理及程序设计》（兵器工业出版社，1997），吴鸿庆等编著的《结构有限元分析》（中国铁道出版社，2000），金坚明编著的《线性板问题中的有限元法》（兰州大学出版社，1997）。

在龙驭球出版的 5 部有限元著作中，第 4 本是 2004 年由清华大学出版社出版的《新型有限元论》，这是龙驭球团队在有限元领域原始创新成果的集成式专著。该专著曾获 2006 年首届中华优秀出版物（图书）奖，受到广大学者的高度赞誉。

在国际有限元领域已有不少名著出版，但主要是外国人写的。在国际名著包围中，如何发出和扩大中国声音，这是中国学者应尽的责任。龙驭球的第五本有限元著作是 Springer 出版社和清华大学出版社于 2009 年联合出版的英文版专著 *Advanced Finite Element Method in Structural Engineering*（中文名:《新型有限元论——结构工程中的高等有限元方法》)。全书 20 章,共 706 页,展示了百余种优秀单元模型,向国际有限元界显示和贡献中华智慧。Springer 出版社每年均给作者发函告知本书的影响程度。2018 年的最新报告显示：该专著的电子版从 2009 年 6 月出版后到 2017 年年底，在 Springer 网站被国际同行下载已达 49226 次，位于该出版社所有电子图书的前 25%。

有限元研究的早期成果先后获得两项北京市学术成果奖 (1983 年，1988 年) 和四项教育部（或国家教委）的科技进步奖（1987 年，1993 年,1995 年,2003 年)。此外,龙驭球指导的岑松博士学位论文《新型厚薄板、层合板元与四边形面积坐标法》被评为 2002 年度全国优秀博士学位论文，龙驭球也获得指导教师奖杯一座。

2013 年底传来喜讯——龙驭球团队完成的项目《广义协调与新型自然坐标法主导的高性能有限元及结构分析系列研究》荣获 2013 年度国家自然科学二等奖。2014 年 1 月 10 日在人民大会堂颁奖之后的第五天恰逢龙驭球 88 岁米寿生日。他兴奋地说：“有自然科学奖来祝寿，真是做起神仙来了！”

龙驭球是典型的学术型学者。不仅他个人在学术上有卓越贡献，而且在促进学术交流、推动学科发展、引领课程建设、培养优秀人才等方面也倾注了不少心血。他积极参与、搭建了四座学术平台：

（1）创办学术期刊：《结构工程学报》与《工程力学》；

（2）建立二级学会：结构工程专业委员会；

（3）主办学术会议：一年一度的全国结构工程学术会议；

（4）主持课程小组：高等学校结构力学课程指导小组。

这些平台既是学术平台（促进学术交流，推动学科发展），也是人才平台（培育人才，发现俊彦）。

1978 年改革开放迎来了科学的春天，同时也出现了缺少学术交流平台的现象。有鉴于此，龙驭球积极倡议创办一个以发表结构工程研究成果为主的期刊，定名为《结构工程学报》。该学报于 1989 年创刊。1991 年 10 月龙驭球以学报主编身份组织召开了第一次全国结构工程学术会议，共发表论文 165 篇，以及特邀报告 10 篇，大大改善了当时结构工程界学术交流的窘迫状况。

1991 年秋，龙驭球改任《工程力学》主编。在他的主持下，编委会努力开展工作，致力于提高刊物质量，扩大刊物影响。1995 年《工程力学》就被评为一般工业技术类核心期刊，03 力学类核心期刊，2000 年 12 月科技部与中国科技信息中心联合举办新闻发布会，会上宣布《工程力学》影响因子（0.685）在物理力学类刊物中位居第二，并向编辑部颁发了荣誉证书。

1997年《工程力学》被选入国际工程索引Engineering Index (EI)，从而扩大了这个刊物的国际影响。龙驭球又进一步通过召开国际会议将《工程力学》推向海外。1999年昆明举办花卉世博会，借此机会龙驭球于当年10月18日至22日以学术委员会主任、《工程力学》主编的身份发起主办了第一届结构工程国际会议。会议在昆明召开，到会代表69人，其中外籍19人（美国3人，加拿大1人，德国6人，荷兰3人，日本5人，泰国1人），台湾地区1人，香港特区6人，我国两院院士张维，美国国家工程院院士T.H.H.Pian，欧洲钢协主席Joachin Linder出席会议。论文集用英文出版，共收录论文114篇，其中外籍论文19篇，台湾地区3篇，香港特区8篇。这次国际会议为扩大《工程力学》的国际影响起了积极作用。

随着来稿数量的增加，《工程力学》陆续由季刊改为双月刊、月刊，且增加了印张。

正如前面所述，龙驭球在先后担任《结构工程学报》和《工程力学》主编期间，他一直倡导并履行办刊与办会结合，自1991年开始的一年一度的全国结构工程学术会议不但频率高（每年一次），而且范围广（全国范围），大有长盛不衰之势。这引发了龙驭球一个更为深入的思考——“结构工程是一个专业覆盖面极广的领域，它涉及土木建筑、水工港工、道路桥梁、航空航天、航海造船、冶金矿山、机械加工、军事国防、能源环境等众多行业。一些行业的发展往往是以结构工程发展为契机，又是以结构工程的发展作为标志的。如土建的大跨高耸结构、航海的巨型船舶和舰艇，近代航空航天器的惊人进展等，这些都体现了结构工程在国民经济中的地位和作用。可以毫不夸张地说，力学面向国民经济主战场的一个重要方面就是结构工程。中国的发展经验证明，力学在上述众多的行业中地位是举足轻重的，常起主导作用，它们需要力学，力学也离不开它们，正是它们为力学提供了一个充满生机、纵横驰骋的广阔阵地。

基于上述认识，1995 年 9 月，龙驭球院士联合朱伯芳等七名专家发起成立中国力学学会结构工程专业委员会，经力学学会常务理事会通过，上报民政部并获得批准，龙驭球任主任委员。自此以后，全国结构工程学术会议就由结构工程专业委员会主办，而《工程力学》则负责每年论文集的征集、评审和出版。从 1991 年第一届算起，到 2015 年已召开了 25 届学术会议，这种长盛不衰的全国性学术会议至少在国内是极少的。

龙驭球院士曾受聘担任高等学校结构力学课程指导小组组长近 20 年，做了大量工作，如制定教材规划、举办结构力学和弹性力学讲习班、举行教学经验交流会、联合研制“工科《结构力学》试题库”和“结构力学计算机辅助教学课件”等。二十年来，指导小组在提高教学质量和教师水平方面，在承上启下和辐射全国方面，作出了可贵的贡献。

2011 年清华百年校庆之际，清华大学编写了一本《世纪清华·院士寄语》，刊登了龙先生的读书三品位：

读博以培根

读薄以求精

读破以创新

这是他从几十年实践中提炼出来的读书之道啊！

参与编写这本传记的大多是龙先生的学生，长期的接触使我们有条件有义务用下面的话来给龙先生做一个简略的总结性评价：

- 他隆準高顴，宽额方颌，慈眉善目，稳健持重，一副庄严、慈祥而令人钦敬的形象。
- 他平易近人，和蔼可亲，寡言多思，外憨内秀，为人淡泊，朴实无华。
- 他学问满腹却永不弃学，著述等身却永不辍笔，声名远播却永不倚老卖老。
- 他丰厚的科研成果和学术论著，以及质朴豁达、宁静致远的胸襟气度，体现了我国科学家的儒雅风貌。
- 他淡定、睿智、厚重，是一个真正的仁者和智者。

附录 1　龙驭球年表

1926 年

1926 年 1 月 15 日出生于湖南安化梅城镇，父亲龙云辂，母亲谭富金。

1930—1937 年

1930—1937 年就读湖南安化梅城浉泉小学和联立高等小学。

1938—1940 年

在湖南英武中学初中部一班读初中并毕业（现为安化第一中学）。

1941—1944 年

1941 年 1 月，考取湖南第一师范，未入学，在家复习备考高中。

1941 年 9 月—1944 年 7 月，在国立师范学院附属中学读高中，并毕业。

1945—1948 年

1944 年 9 月—1945 年 8 月，在唐山交通大学土木系读大学一年级。先在贵州平越上课，因日寇逼近，学校于 1944 年 11 月停课，学生徒步往重庆集中。1945 年 2 月在四川璧山复课。

1945 年 10 月—1946 年 5 月，转学到西南联合大学土木系读大学二年级。

1946 年 10 月—1948 年 7 月，复员到北京，在清华大学土木系读三、四年级，并毕业。

1949 年

1948 年 9 月—1949 年 8 月，在清华大学土木系读研究生（导师陆士嘉教授），兼任水工试验所助理研究员。

1950—1951 年

1949 年 9 月—1952 年 8 月，在清华大学土木系任助教。

1952—1965 年

1952 年 9 月—1978 年 4 月，在清华大学土木系任讲师。

1963 年 8 月，杨式德、龙驭球和古国纪编写的《壳体结构概论》由人民教育出版社出版。

1962—1965 年，创立壳体结构三种实用解析解法（柱壳与折板壳的力法，圆底扁球壳的初参数法，扁壳应力集中的摄动法）。

1963—1965 年，参加建设部《钢筋混凝土薄壳顶盖及楼盖结构设计计算规程》（BJG 16—65）的编制工作。

1965 年 10 月，指导第一个研究生崔京浩毕业，论文题目为“球壳开有两个圆孔的应力集中问题”。

1966—1977 年

1966 年 4 月，龙驭球和包世华编写的《结构力学》（上册）（清华大学结构力学第 1 轮教材）由高等教育出版社出版。

1966 年 6 月，“文革”开始，学校停课。

1969 年 5 月—1970 年 9 月，江西鄱阳湖鲤鱼洲农场劳动，后去德安劳动。

1970 年 9 月—1978 年 4 月，由江西农场返京，先后在土木系和水利系参加工农兵学员开门办学小分队。

1974 年 3 月，杨式德、龙驭球和包世华编写的《结构力学》（清华大学结构力学第 2 轮教材）由中国建筑工业出版社出版。

1978 年

1978 年 7 月，龙驭球编著的《有限元法概论》由人民教育出版社出版。

1978 年 4 月至今，任清华大学土木系教授。

1979—1982 年

1979 年 12 月至今，受聘为《应用数学和力学》学报编委。

1979 年，《结构力学　上册》（第 1、2 分册）（五年制教材）（清华大学结构力学第 3 轮教材）出版。

1981 年，《结构力学　下册》（五年制教材）（清华大学结构力学第 3 轮教材）出版。

1982 年 3 月，教育部聘为高等学校工科力学编审委员会委员兼结构力学弹性力学编审小组副组长。

1982 年 9 月，参加中国共产党。

1983 年

1983 年 3 月，受聘为《计算结构力学及其应用》学报副主编。

1983 年，“分区广义变分原理和分区混合有限元法”获北京市学术成果奖。

1984 年

1984 年 1 月，国务院批准为第 2 批博士生导师。

1984 年 6 月，受聘为工科力学编审委员会副主任委员兼结构力学组长。

1984 年 8 月，英国 Wales 大学土木系访问讲学。

1984 年 9 月，指导清华大学土木系第一个博士生袁驷毕业。博士学位论文题目为“应力分析的样条元法”。此文为创立样条有限元法的首篇学位论文。

1984 年 12 月，受聘为中国土木工程学会第四届理事。

1985 年

1985 年 6 月，受聘为《力学学报》第 4 届编委。

1986 年

1986 年 11 月—1986 年 12 月，荷兰 Delft 大学访问讲学。

1987 年

1987 年，龙驭球著《变分原理 · 有限元 · 壳体分析》由辽宁科学技术出版社出版。

1987 年，“分区广义变分原理及分区混合元、样条有限元”获国家教委科技进步二等奖。

1988 年

1988 年,《结构力学》(上、下)(清华大学结构力学第 3 轮教材，上册 1979 年出版,下册 1981 出版)获国家教委全国高校优秀教材奖。

1988 年，“广义协调元及含多个任意参数的广义变分原理”获北京市学术成果奖。

1988 年,《结构力学教程》(上、下)(四年制教材)(清华大学结构力学第 4 轮教材)出版。

1989—1990 年

1989 年 7 月，连任《力学学报》第 5 届编委。

1989 年 11 月，受聘为《结构工程学报》主编。

1991 年

1991 年 1 月，获国务院政府特殊津贴。

1991 年 10 月，龙驭球编著《有限元法概论(第 2 版)》出版。

1991 年 10 月—1999 年 4 月，任中国力学学会《工程力学》学报主编。

1991 年 11 月—1991 年 12 月，香港理工大学土木系访问讲学，并为研究生讲授“计算结构力学”与“薄壁杆理论”两门课程。

1992 年

1992 年 3 月，龙驭球著《新型有限元引论》出版。

1992 年,《结构力学教程》(上、下)(清华大学结构力学第 4 轮教材，1988 年出版)获国家教委全国高校优秀教材奖。

1992—1998 年,参加建设部《钢筋混凝土薄壳结构设计规程(JGJ/T 22—98)》的编制工作。

1993—1994 年

1993 年，“广义能量原理与新型有限元研究”获国家教委科技进步一等奖。

1993 年，获光华科技基金奖（一等奖）。

1993 年，“工科结构力学试题库建设”获国家教委教学成果国家级二等奖。

1993 年 9 月退休。1995 年 5 月当选院士后，又由退休人员改为在职工作人员。

1994 年，《结构力学》（第 2 版）（上册）（清华大学结构力学第 5 轮教材）出版。

1995—1996 年

1995 年 5 月，当选为中国工程院院士。

1995 年 11 月，受聘为“工科力学教学指导委员会主任委员兼结构力学指导小组”组长。

1995 年，“结构分析的新型离散法与半解析法研究”获国家教委科技进步三等奖。

1995 年，“结构力学计算机辅助教学课件”获国家教委优秀教材二等奖。

1996 年，《结构力学》（第 2 版）（下册）（清华大学结构力学第 5 轮教材）出版。

1997 年

1997 年 10 月，受聘为国际刊物 *Advances in Structural Engineering* 编委。

1997 年，“全国普通高校结构力学试题库”获江苏省教委教学成果奖一等奖。

1998 年

1998 年 12 月，受聘为“中国力学学会第一届结构工程专业委员会”主任委员。

1998 年，《结构力学》（第 2 版）（清华大学结构力学第 5 轮教材，上册 1994 年出版，下册 1996 出版）获教育部科技教材奖一等奖。

1999 年

1999 年 4 月，受聘为《工程力学》学报名誉主编。

1999 年，《结构力学》（第 2 版）（清华大学结构力学第 5 轮教材，上册 1994 年出版，下册 1996 年出版）获国家科技进步二等奖。

1999 年 10 月 18—22 日，主办“第一届结构工程国际会议（昆明）”，任学术委员会主席并作大会特邀学术报告。

2000 年

2000 年 6 月，获中国工程科技奖。在两院院士大会上由李岚清副总理颁奖。

2000 年 7 月，《结构力学教程 Ⅰ》（清华大学结构力学第 6 轮教材）出版。

2000 年 9 月，受聘为湖南大学土木工程学院教授。

2001 年

2001 年 1 月，《结构力学教程 Ⅱ》（清华大学结构力学第 6 轮教材）出版。

2001 年 3 月，受聘为国际刊物 *Structural Stability and Dynamics*

编委。

2001 年 7 月，评为清华大学优秀共产党员。

2001 年，“结构力学课程新体系”获北京市教学成果奖一等奖。

2001 年，“结构力学课程新体系的建设与实践”获国家级教学成果一等奖。

2002 年

2002 年，《结构力学教程》（清华大学结构力学第 6 轮教材，上册 2000 年出版，下册 2001 年出版）获全国普通高校优秀教材一等奖。

2002 年，所指导的博士生岑松获全国优秀博士论文奖。

2003 年

2003 年，“广义协调理论与四边形面积坐标法新型有限元研究”获教育部提名国家自然科学奖一等奖。

2003 年，清华大学“结构力学”课程被评为“国家精品课程”。

2004 年

2004 年，受聘为第六届世界计算力学大会科学顾问委员会委员，并作特邀学术报告。

2004 年 8 月，出版有限元原创成果的集成式专著《新型有限元论》（龙驭球、龙志飞、岑松合著，清华大学出版社，华夏英才基金资助项目），书中创立 5 类（116 个）新元。

2005 年

2005 年，清华大学结构力学教学团队被评为北京市优秀教学团队和国家级优秀教学团队。

2006 年

2006 年 1 月，获“中国工程院资深院士”称号。

2006 年 12 月，《结构力学（Ⅰ，Ⅱ）》两卷（清华大学结构力学第 7 轮教材）出版，评为“十一五”普通高等教育国家级规划教材。

2007—2008 年

2007 年，《结构力学（Ⅰ，Ⅱ）》两卷（清华大学结构力学第 7 轮教材）评为普通高等教育精品教材。

2007 年 10 月，《能量原理新论》（龙驭球、刘光栋、何放龙、罗建辉著）由中国建筑工业出版社出版。

2009—2010 年

2009 年，出版有限元英文专著 *Advanced Finite Element Method in Structural Engineering*（龙驭球、岑松、龙志飞合著），介绍中国学者贡献，传播中华智慧，由清华大学出版社与德国 Springer 出版社联合出版。

2011—2012 年

2011 年 1 月—2014 年 12 月，受聘为“中国力学学会第九届理事会”名誉理事。

2012 年 8 月，《结构力学（Ⅰ，Ⅱ）》两卷（清华大学结构力学第 8 轮教材）出版，列为“十二五”普通高等教育国家级规划教材。

2013—2016 年

2013 年，“广义协调与新型自然坐标法主导的高性能有限元及结构分析系列研究”获国家自然科学二等奖（主要完成人：龙驭球、岑松、龙志飞、傅向荣、陈晓明）。2014 年 1 月 10 日在北京人民大会堂举行“2013 年度国家科学技术奖励大会”并应邀出席。

2015 年 1 月—2019 年 12 月，受聘为“中国力学学会第十届理事会”名誉理事。

2016 年春，清华大学土木系举行庆贺会——龙驭球院士从教 68 年回顾及九十华诞庆贺会。

2017—2018 年

2017 年秋，清华大学土木系、建管系出版老年感悟集《秋语》，登载了龙驭球的“九十岁生日抒怀”和“秋歌四首”。

2018 年 7 月 6 日，在清华大学大礼堂举行的土木水利学院 2018 年毕业典礼上，应邀作“跨越 70 年的毕业同学谈心”的演讲。

2018 年 7 月 17 日，光荣离休，由国务院制发“中华人民共和国老干部离休荣誉证（第 201803 号）”。

2018 年 8 月，《结构力学（Ⅰ，Ⅱ）》两卷（清华大学结构力学第 9 轮教材）出版，评为“十二五”普通高等教育国家级规划教材。

2019 年

2019 年 4 月，在《工程力学》学报上发表论文“结构力学方法论的哲思回望。”

2019 年 7 月，《结构力学（Ⅰ，Ⅱ）》两卷（21 世纪第 4 版，精装全本）出版。

附录 2　龙驭球著作目录(31 部著作)

一、中文教材与专著（27 部）

1. 杨式德，**龙驭球**，古国纪．壳体结构概论 [M]. 北京：人民教育出版社，1963.
2. **龙驭球**，包世华．结构力学（上册）[M]. 北京：高等教育出版社，1966.
3. 杨式德，**龙驭球**，包世华．结构力学 [M]. 北京：中国建筑工业出版社，1974.
4. **龙驭球**．有限元法概论 [M]. 北京：人民教育出版社，1978.
5. **龙驭球**，包世华．结构力学（五年制教材，上册第一分册）[M]. 北京：人民教育出版社，1979.
6. **龙驭球**，包世华．结构力学（五年制教材，上册第二分册）[M]. 北京：人民教育出版社，1979.
7. **龙驭球**，包世华．结构力学（五年制教材，下册）[M]. 北京：人民教育出版社，1981.
8. **龙驭球**．弹性地基梁的计算 [M]. 北京：人民教育出版社，1981.
9. **龙驭球**．变分原理 · 有限元 · 壳体分析 [M]. 沈阳：辽宁科学技术出版社，1987.
10. **龙驭球**，包世华．结构力学教程（四年制教材，上册）[M]. 北京：高等教育出版社，1988.

11. **龙驭球**，包世华．结构力学教程（四年制教材，下册）[M]. 北京：高等教育出版社，1988.

12. **龙驭球**．有限元法概论（上册）[M]. 2 版. 北京：高等教育出版社，1991.

13. **龙驭球**．新型有限元引论 [M]. 北京：清华大学出版社，1992.

14. **龙驭球**，包世华，支秉琛．结构力学（五年制教材，上册）[M]. 2 版．北京：高等教育出版社，1994.

15. **龙驭球**，包世华，支秉琛，匡文起．结构力学（五年制教材，下册）[M]. 2 版．北京：高等教育出版社，1996.

16. **龙驭球**，包世华，匡文起，袁驷．结构力学教程 (I)（21 世纪教材）[M]. 北京：高等教育出版社，2000.

17. **龙驭球**，包世华，匡文起，袁驷．结构力学教程 (II)（21 世纪教材）[M]. 北京：高等教育出版社，2001.

18. **龙驭球**，龙志飞，岑松．新型有限元论 [M]. 北京：清华大学出版社，2004.

19. **龙驭球**，包世华，匡文起，袁驷．结构力学 I——基本教程（21 世纪教材）[M]. 2 版．北京：高等教育出版社，2006.

20. **龙驭球**，包世华，匡文起，袁驷．结构力学 II——专题教程（21 世纪教材）[M]. 2 版．北京：高等教育出版社，2006.

21. **龙驭球**，刘光栋，何放龙，罗建辉．能量原理新论 [M]. 北京：中国建筑工业出版社，2007.

22. **龙驭球**，包世华，匡文起，袁驷．结构力学 I——基本教程（21 世纪教材）[M]. 3 版．北京：高等教育出版社，2012.

23. **龙驭球**, 包世华, 匡文起, 袁驷. 结构力学 II——专题教程(21世纪教材)[M]. 3 版. 北京: 高等教育出版社, 2012.
24. **龙驭球**, 包世华, 袁驷. 结构力学 I——基础教程(21 世纪教材)[M]. 4 版. 北京: 高等教育出版社, 2018.
25. **龙驭球**, 包世华, 袁驷. 结构力学 II——专题教程(21 世纪教材)[M]. 4 版. 北京: 高等教育出版社, 2018.
26. **龙驭球**, 包世华, 袁驷. 结构力学 I [M]. 4 版(精装全本). 北京: 高等教育出版社, 2019.
27. **龙驭球**, 包世华, 袁驷. 结构力学 II [M]. 4 版(精装全本). 北京: 高等教育出版社, 2019.

二、英文专著(1 部)

28. **LONG Y Q**, CEN S, LONG Z F. Advanced finite element method in structural engineering[M]. Beijing: Springer & Tsinghua University Press, 2009.

三、手册、辞典、设计规范(3 部)

29. **龙驭球**, 包世华, 杨茀康. 工程力学手册——结构力学篇[M]. 北京: 高等教育出版社, 1994.
30. **龙驭球**, 刘光栋, 唐锦春, 匡文起, 罗汉泉. 中国土木建筑百科辞典——工程力学卷[M]. 北京: 中国建筑工业出版社, 2001.
31. 中华人民共和国行业标准. 钢筋混凝土薄壳结构设计规程: JGJ/T 22—98[S]. 北京: 中国建筑工业出版社, 1998.(主要起草人: 何广乾, **龙驭球**, 董石麟等)

附录3　龙驭球论文目录(261篇论文)

[1949—1965]

1. **龙驭球**. 施柯两氏变换式及其在水工问题上之应用 [J]. 清华大学水工试验所研究丛刊, 1949, 1.
2. **龙驭球**, 张良铎. 苏联结构设计方法的新发展 [J]. 科学通报, 1953, 5: 57-66.
3. **龙驭球**. 平面杆件体系的机动分析 [C]// 清华大学第一次科学讨论会报告集（第七分册）. 北京：机械工业出版社, 1956.
4. **龙驭球**. 薄壁直杆和曲杆的弯曲和稳定 [R]. 北京：清华大学第二次科学讨论会, 1957.
5. **龙驭球**. 多层刚架风应力的渐近解 [R]. 北京：清华大学第二次科学讨论会, 1957.
6. 匡文起, **龙驭球**. 带天窗大跨度圆筒壳屋盖的理论计算与实验研究 [J]. 土木工程学报, 1959, 6(2):22-35.
7. **龙驭球**. 按力法计算折壳和柱壳 [J]. 清华大学学报（自然科学版）, 1962, 9(5): 77-108.
8. **龙驭球**. 用力法计算折板结构 [J]. 土木工程学报, 1964, 10(3): 27-31.
9. **龙驭球**. 圆底扁球壳的初参数解法 [J]. 清华大学学报（自然

科学版）, 1964, 11(2): 75-107;

10. **龙驭球** . 圆底球形扁壳计算的初参数法 [J]. 高等学校自然科学学报（数学、力学、天文学报）, 1965, 1(2): 164-188.

11. **龙驭球** , 张铜生 . 椭圆抛物面扁壳某些应力集中问题 [J]. 力学学报 , 1965, 8(2): 101-121.

[1973]

12. 杨式德 , **龙驭球** , 包世华 . 结构计算简图的选择 [J]. 清华大学学报 (自然科学版), 1973, 4: 117-141.

[1980, 1981]

13. **龙驭球** . 分区和全区混合能量原理 [C]. // 全国弹性和塑性力学学术交流会议论文选集 . 重庆 : 1980.

14. **龙驭球** . 弹性力学中的分区广义变分原理 [J]. 上海力学 , 1981, 2(2): 1-9.（此文首创分区广义变分原理 , 又称分区能量原理 , 是有限元法的理论基础）.

15. 包世华 , **龙驭球** . 圆底扁球壳在偏心集中载荷下的计算 [J]. 应用数学和力学 , 1981, 2(6): 621-640.

16. BAO S H, **LONG Y Q**. Analysis of shallow spherical shell with circular base under eccentrically applied concentrated loads[J]. Applied Mathematics and Mechanics, 1981, 2(6): 679-698.

17. 支秉琛 , **龙驭球** . 分项混合能量原理的几个问题 [R]. 北京 : 清华大学科学报告 , 1981, 11.

[1982]

18. **LONG Y Q**, ZHI B C, YUAN S. Sub-region and sub-layer generalized variational principles in elasticity[C]//Proceedings of the International Conference on FEM. Shanghai: 1982: 607-609.

19. **LONG Y Q**, ZHI B C, KUANG W Q, SHAN J. Sub-region mixed finite element method for the calculation of stress intensity factor[C]//Proceedings of the International Conference on Finite Element Methods. Shanghai: 1982: 738-740.（此文为创立分区混合元的首篇论文）

20. **龙驭球**. 分区和分项混合能量原理 [J]. 清华大学学报（自然科学版）, 1982, 22(1): 1-11. (EI 1983090135432)

21. **龙驭球**，支秉琛，匡文起，单建. 分区混合有限元法计算应力强度因子 [J]. 力学学报，1982, 4: 341-353.

[1983]

22. **龙驭球**. 弹性厚板的分区广义变分原理 [J]. 应用数学和力学，1983, 4(2): 165-172.

23. **LONG Y Q**. Subregion generalized variational principles for elastic thick plates[J]. Applied Mathematics and Mechanics, 1983, 4(2): 175-184.

24. **龙驭球**，包世华，丁韫和. 扁壳在集中荷载下的计算 [J]. 上海力学，1983, 2: 39-50.

25. **龙驭球**，包世华．扁壳圆孔附近的应力集中 [J]. 固体力学学报，1983, 4: 481-494. (**EI** 1984090156405)

26. **龙驭球**．弹性扁薄壳的分区广义变分原理 [J]. 合肥工业大学学报，1983, 4: 39-44.

[1984]

27. 赵毅强，**龙驭球**．分区混合有限元法求混合型应力强度因子 [J]. 计算结构力学及其应用，1984, 1(1): 47-55.

28. **LONG Y Q**, XIN K G. Energy method and modified finite element method for the framed-tube structures of hollow polygonal section[C] // Proceedings of the International Conference on Tall Buildings. Hong Kong and Guangzhou: 1984: 724-729.

[1985]

29. **LONG Y Q**, ZHAO Y Q. Calculation of stress intensity factors in plane problems by the sub-region mixed finite element method[J]. Engineering Software, 1985, 7(1):32-35. (**EI** 1985050054885)

30. **LONG Y Q**. Advances in variational principles in China[C]// Proceedings of the Second International Conference on Computing in Civil Engineering. Hangzhou: 1985: 1207-1215.

31. **龙驭球**，支秉琛，袁驷．极坐标有限条法解扁球壳问题 [J]. 计算结构力学及其应用，1985, 2(2): 11-16.

32. **龙驭球**，辛克贵. 多边形截面框筒结构的能量解法 [J]. 建筑结构学报，1985, 6(3): 10-16. (**EI** 1986020023382)

33. 钱令希，**龙驭球**，张德良. 计算力学 [M]// 中国大百科全书·力学卷. 北京：中国大百科全书出版社，1985: 227-228.

34. 冯钟越，**龙驭球**，包世华. 有限元法 [M] // 中国大百科全书·力学卷. 北京：中国大百科全书出版社，1985: 559-561.

[1986]

35. **LONG Y Q**. Several patterns of functional transformation and generalized variational principles with several arbitrary parameters[J]. International Journal of Solids and Structures, 1986, 22(10): 1059-1069. (SCI F4503; **EI** 1987040054437)

36. HU J, **LONG Y Q**. A high-precision thick shell element for stress concentration analysis in tubular joints[C]//Proceedings of the 5th International Offshore Mechanics and Arctic Engineering (OMAE) Symposium. Tokyo: 1986.

37. 范重，**龙驭球**. 计算剪力墙结构的一种矩形单元 [C]// 第九届全国高层建筑结构会议论文集. 广州：1986.

[1987]

38. **龙驭球**，辛克贵. 广义协调元 [J]. 土木工程学报，1987, 20(1):1-14. (**EI** 1987070101718)（此文是创立广义协调元的首篇论文）

39. **龙驭球**. 含多个任意参数的广义变分原理及换元乘子法 [J].

应用数学和力学 , 1987, 8(7): 591-602.

40. **LONG Y Q**. Generalized variational principles with several arbitrary parameters and the variable substitution and multiplier method[J]. Applied Mathematics and Mechanics, 1987, 8(7):617-629.

41. HUANG M F, **LONG Y Q**. Stress intensity factors of cracked Reissner plates by the sub-region mixed finite element method[C]// Proceedings of International Conference on Computational Engineering Mechanics. Beijing: 1987: 112-117.

42. **LONG Y Q**. Sub-region generalized variational principles in elastic thin plates[J]. Progress in Applied Mechanics. 1987: Martinus Nijhoff Publishers, 121-134.

43. **LONG Y Q**. Sub-region generalized variational principles and sub-region mixed finite element method[M] // The Advances of Applied Mathematics and Mechanics in China I. Beijing: China Academic Publishers, 1987: 157-179.

44. 胡俭 , **龙驭球** . 高精度厚壳元分析管接头应力集中问题 [C]// 中国海上平台结点研究委员会 . 海洋平台管结点应力分析研究文集 .1987: 109-114.

45. 黄民丰 , **龙驭球** . 分区混合有限元法求厚板弯曲应力强度因子 [M]// 龙驭球 . 变分原理 · 有限元 · 壳体分析 . 沈阳 : 辽宁科学技术出版社 , 1987: 137-148.

46. **龙驭球**．弹性薄壳的变分原理 [M]// 龙驭球．变分原理 · 有限元 · 壳体分析．沈阳：辽宁科学技术出版社，1987: 57-69.

47. **龙驭球**．泛函变换的几种格式及含多个任意参数的广义变分原理 [M]// 龙驭球．变分原理 · 有限元 · 壳体分析．沈阳：辽宁科学技术出版社，1987: 69-83.

48. **龙驭球**．变分原理在中国的进展 [M]// 龙驭球．变分原理 · 有限元 · 壳体分析．沈阳：辽宁科学技术出版社：1987, 98-104.

[1988]

49. **LONG Y Q**, ZHAO J Q. A new generalized conforming triangular element for thin plates[J]. Communications in Applied Numerical Methods, 1988, 4(6): 781-792. (**SCI** Q9811; **EI** 1989020259491)

50. HUANG M F, **LONG Y Q**. Calculation of stress intensity factors of cracked Reissner plates by the sub-region mixed finite element method[J]. Computers & Structures, 1988, 30(4): 837-840. (**SCI** R3501)

51. **龙驭球**，赵俊卿．厚板薄板通用的广义协调元 [J]. 工程力学，1988, 5(1): 1-8.

52. **龙驭球**，黄民丰．广义协调等参元 [J]. 应用数学和力学，1988, 9(10): 871-877.

53. **LONG Y Q**, HUANG M F. A generalized conforming isoparametric element[J]. Applied Mathematics and Mechanics-English Edition, 1988, 9(10): 929-936.

54. 范重，**龙驭球**. 高层建筑结构分析的样条方法 [C]// 第十届全国高层建筑结构会议论文集 . 青岛 : 1988.

55. 范重，**龙驭球**. 样条单元法及其在折板筒体结构中的应用 [C]// 第五届建筑结构计算理论会议论文集 . 广州 : 1988.

56. 钱俊，**龙驭球**. 分区混合有限元边界元法计算应力强度因子 [C]// 第二届工程中边界元法会议论文集 . 南宁 : 1988,1: 254-262.

57. **龙驭球**，赵俊卿 . 一种新型厚薄板通用的广义协调矩形单元 [C]// 第四届全国建筑工程计算机应用学术会议论文集 . 广州 : 1988,11:15-23.

58. 范重，**龙驭球**. 样条厚板壳单元 [C]// 第四届全国建筑工程计算机应用学术会议论文集 . 广州 : 1988,11:597-605.

[1989]

59. **LONG Y Q**, XIN K G. Generalized conforming element for bending and buckling analysis of plates[J]. Finite Elements in Analysis and Design, 1989, 5:15-30. (**EI** 1992090334878)

60. **LONG Y Q**, ZHAO J Q. A generalized conforming element for thick/thin plates and shallow shells[C]. EASEC-2, Thailand: 1989: 1062-1067.

61. FAN Z, **LONG Y Q**. Spline thick/thin shell element[C]. EASEC-2, Thailand: 1989: 1195-1200.

62. **龙驭球**，赵俊卿 . 薄板弯曲问题的广义协调三角形元 [J]. 计算结构力学及其应用 , 1989, 6(1): 122-133.

63. **龙驭球**，席飞．广义协调 Mindlin 板矩形元——ACM 元的推广 [J]. 结构工程学报，1989(1): 2-12.

64. 赵俊卿，**龙驭球**．能量法和加权残值法联合构造非协调有限元 [C]// 第三届全国加权残值法会议论文集．成都：西南交通大学出版社，1989: 355-359.

[1990]

65. FAN Z, **LONG Y Q**. Large deflection and stability analysis by geometrically nonlinear spline element[C]. NUMETA, 1990,1: 414-422.

66. **LONG Y Q**, XI F. A universal method for including shear deformation in thin plates[C]. WCCM-II, Stuttgart: 1990: 701-704.

67. **LONG Y Q**, QIAN J. Fracture analysis of V-notch in composite material[C]. WCCM-II, Stuttgart: 1990: 332-335.

68. **LONG Y Q**, QIAN J. The calculation of stress intensity factors of surface crack in three dimensional body by sub-region mixed FEM[C]. WCCM-II, Stuttgart: 1990: 556-559.

69. 范重，**龙驭球**．样条中厚壳单元 [J]. 特种结构，1990, 2: 3-9.

70. **龙驭球**，赵俊卿．能量法和加权残值法的联合应用——构造有限元的新途径 [J]. 航空学报，1990, 11(5): 230-235.

71. **龙驭球**，卜小明．一类有效的板弯曲单元 [J]. 清华大学学报，1990, 30(5): 9-15.

72. 范重，**龙驭球**. 几何非线性样条单元 [J]. 航空学报，1990, 11(9): 521-525.

[1991]

73. FAN Z, **LONG Y Q**. A linear analysis of tall buildings using spline element[J]. Engineering Structure, 1991, 13(1): 27-33. (**SCI** EM288; **EI** 1991050200613)

74. 卜小明，**龙驭球**. 一种薄板弯曲问题的四边形位移单元 [J]. 力学学报，1991, 23(1): 53-60.

75. 卜小明，**龙驭球**. 一种高精度的矩形板弯曲单元 [J]. 土木工程学报，1991, 24(1): 17-22.

76. 卜小明，**龙驭球**. 基于修正势能泛函的三角形薄板位移元 [J]. 清华大学学报，1991, 31(2): 9-16.

77. 卜小明，**龙驭球**. 广义协调扇形板弯曲单元 [J]. 计算结构力学及其应用，1991, 8(2):208-213.

78. 钱俊，**龙驭球**. 分区混合有限元法计算反平面两种材料切口应力强度因子 [J]. 计算结构力学及其应用，1991, 8(3):325-330.

79. 卜小明，**龙驭球**. 最小二乘法广义协调元 [J]. 工程力学，1991, 8(2): 20-24.

80. 范重，**龙驭球**. 分区混合有限元法分析 V 型切口的应力强度因子 [J]. 水利学报，1991(9): 59-65.

81. **龙驭球**. 变分原理和有限元法的新近进展（首届全国结构工

程学术会议特邀报告）[J]. 结构工程学报专刊 , 1991: 1-18.

82. 卜小明 , **龙驭球** . Morley 单元与广义协调方法 [J]. 结构工程学报专刊 , 1991: 59-65.

83. 张延庆 , 郑照北 , **龙驭球** . 中厚板 COONS 曲面矩形元——ACM 元的推广 [J]. 结构工程学报专刊 , 1991: 1137-1141.

[1992]

84. **LONG Y Q**, XI F. A universal method for including shear deformation in thin plate elements[J]. International Journal for Numerical Methods in Engineering, 1992, 34: 171-177. (**SCI** HG415; **EI** 1992050473915; ISTP HG415)

85. **LONG Y Q**, QIAN J. Calculation of stress intensity factors for surface cracks in a 3D body by the sub-region mixed FEM[J]. Computers & Structures, 1992, 44(1/2): 75-78. (**SCI** JH524; **EI** 1992120652251; ISTP JH524)

86. QIAN J, **LONG Y Q**. Sub-region mixed FEM for calculating stress intensity factor of antiplane notch in bi-material[J]. Engineering Fracture Mechanics, 1992, 43 (6): 1003-1007. (**SCI** KC906; **EI** 1993020704682)

87. FAN Z, **LONG Y Q**. Sub-region mixed finite element analysis of V-notched plates[J]. International Journal of Fracture, 1992, 56(4):333-344. (**SCI** JN156)

88. **LONG Y Q**, ZHAO J Q. Combined application of the energy

method and the weighted residual method——a new way to construct the finite elements[J]. Chinese Journal of Aeronautics, 1992, 5(2):130-136.

89. **LONG Y Q**, QIAN J. Sub-region mixed finite element analysis of V-notches in a bimaterial[J]. Advances in Engineering Mechanics. Peking University, 1992: 54-59.

90. **龙驭球**，赵俊卿．扁壳广义协调曲面矩形元 [J]. 工程力学，1992, 9(1):3-10.

91. 龙志飞，须寅，**龙驭球**．具有旋转自由度的广义协调矩形膜元 [J]. 工程力学，1992, 9(2): 68-75.

92. 张延庆，郑照北，**龙驭球**．采用 COONS 曲面法构造薄板广义协调元 [J]. 工程力学，1992, 9(2): 86-90.

93. 钱俊，**龙驭球**．两种材料平面切口的应力强度因子 [J]. 工程力学，1992, 9(4):24-30.

94. **龙驭球**，钱俊．表面裂纹的分区混合元分析 [J]. 航空学报，1992, 13(7):358-365.

95. 钱俊，**龙驭球**．Reissner 板切口尖端应力应变场 [J]. 应用数学和力学，1992, 13(4):297-306.

96. QIAN J, **LONG Y Q**. The expression of stress and strain at the tip of notch in Reissner plate[J]. Applied Mathematics and Mechanics-English Edition, 1992, 13(4):315-324.

97. **龙驭球**．广义协调元初论 [M]// 龙驭球．新型有限元引论．北京：清华大学出版社，1992: 20-40.

98. **龙驭球**. 厚板薄板通用的低阶广义协调矩形元 [M]// 龙驭球. 新型有限元引论. 北京：清华大学出版社, 1992: 121-135.

99. **龙驭球**. 分区广义变分原理与分区混合有限元法综述 [M]// 龙驭球. 新型有限元引论. 北京：清华大学出版社, 1992: 159-188.

100. 袁驷, **龙驭球**. 结构分析的几种样条单元 [M]// 龙驭球. 新型有限元引论. 北京：清华大学出版社, 1992: 222-235.

[1993]

101. BU X M, **LONG Y Q**. A method for derivation of rectangular displacement-based element of thick/thin plates[J]. Acta Mecanica Sinica, 1993, 9(2):163-170. (**EI** 1993101123549)

102. **龙驭球**, 赵俊卿. 厚板低阶广义协调矩形元 [J]. 清华大学学报, 1993, 33(2):7-16. (**EI** 1993111131017)

103. 须寅, **龙驭球**. 应用广义协调条件构造具有转角自由度的三角形膜元 [J]. 工程力学, 1993, 10(2): 31-39.

104. 须寅, **龙驭球**. 应用广义协调条件构造具有转角自由度的四边形膜元 [J]. 工程力学, 1993, 10(3):27-36.

105. **龙驭球**, 须寅. 广义协调平板型三角形壳元 [J]. 工程力学, 1993, 10(4):1-7.

106. **龙驭球**. 广义协调法述评（第二届全国结构工程学术会议特邀报告）[J]. 工程力学增刊, 1993: 19-29.

107. 须寅, **龙驭球**. 具有结点刚性转角自由度的广义协调矩形膜元 [J]. 工程力学增刊, 1993: 199-206.

108. 张延庆，**龙驭球**. COONS 曲面法构造中厚壳 ACM 元 [J]. 工程力学增刊，1993: 924-927.

109. **龙驭球**. 广义协调元的理论与模式 [M]// 固体力学及其工程应用. 北京：清华大学出版社，1993: 145-154.

[1994]

110. **LONG Y Q**, XU Y. Generalized conforming quadrilateral membrane element with vertex rigid rotational freedom[J]. Computers & Structures, 1994, 52(4):749-755. (**SCI** PC028; **EI** 1994101433693)

111. **LONG Y Q**, XU Y. Generalized conforming triangular membrane element with vertex rigid rotational freedom[J]. Finite Elements in Analysis and Design, 1994, 17:259-271. (**EI** 1995012533215)

112. XU Y, **LONG Y Q**, LONG Z F. A triangular shell element with drilling freedoms based on generalized compatibility conditions[C]. WCCM III, Japan: 1994: 1234-1235.

113. LIU S Z, **LONG Y Q**, XU Y. A robust plate element based on the degenerate principle of modified potential energy[C]. WCCM III, Japan: 1994:1180-1181.

114. LIU S Z, **LONG Y Q**. Application of elasticity method to the analysis of reinforced concrete structure surrounding metallic scroll case in hydroelectric power station[C]//International Conference on Computational Mechanics Structure Geotechnical

Engineering. Hong Kong: 1994:656-661.

115. 王全凤，**龙驭球**. ODE 求解器求解高层双肢剪力墙结构稳定特征值问题 [J]. 工程力学，1994, 11(1): 38-44.

116. 张延庆，**龙驭球**. 厚薄板通用的广义协调单元 COONS 曲面构造法 [J]. 工程力学，1994, 11(2): 59-64.

117. **龙驭球**，须寅. 广义协调平板型矩形壳元 [J]. 计算结构力学及其应用，1994, 11(2):154-160.

118. 范重，**龙驭球**. 高层建筑结构分析的样条单元法 [J]. 建筑结构学报，1994, 15(3):17-25.

119. 张延庆，**龙驭球**. Ferguson 曲面构造广义协调板单元 [J]. 石油大学学报（自然科学版）, 1994, 18(4): 71-76. (**EI** 95042658746)

120. 钱俊，**龙驭球**. 三维切口尖端应力应变场 [J]. 应用数学和力学，1994, 15(3):199-208.

121. QIAN J, **LONG Y Q**. The expression of stress and strain at the tip of 3-D notch[J]. Applied Mathematics and Mechanics-English Edition, 1994, 15(3):211-221. (**EI** 1994071333883)

122. **龙驭球**. 壳体有限元述评（第三届全国结构工程学术会议特邀报告）[J]. 工程力学增刊，1994: 8-13.

123. 须寅，**龙驭球**. 一个对网格畸变不敏感的含转角自由度的三角形膜元 [J]. 工程力学增刊，1994: 189-193.

124. 刘绍章，**龙驭球**. 弹性力学方法在金属蜗壳外围钢筋混凝土结构分析中的应用 [J]. 工程力学增刊，1994: 443-446.

125. **龙驭球**. 虚功原理和能量原理 [M]// 龙驭球, 包世华, 杨茀康. 工程力学手册——结构力学篇. 北京: 高等教育出版社, 1994: 163-183.

[1995]

126. **LONG Y Q**, BU X M, LONG Z F, XU Y. Generalized conforming plate bending elements using point and line compatibility conditions[J]. Computers & Structures,1995, 54(4):717-723. (**SCI** QH577; **EI** 1995042679857)
127. 张延庆, **龙驭球**. 利用 Ferguson 曲面构造广义协调板单元 [J]. 力学学报, 1995, 27(2):239-244.
128. 李聚轩, 龙志飞, **龙驭球**. 双二次广义协调矩形元 [J]. 工程力学, 1995, 12(1):46-52.
129. **龙驭球**. 分区混合能量偏导数定理 [J]. 工程力学增刊, 1995:188-194.
130. 龙志飞, 李聚轩, **龙驭球**. 平面问题 P 型广义协调元 [J]. 工程力学增刊, 1995:233-238.
131. 李聚轩, **龙驭球**. 杆系结构的灵敏度分析与优化设计 [J]. 工程力学增刊, 1995:250-254.
132. 孙建恒, **龙驭球**. 基于广义协调模式的弹性薄板大挠度分析 [J]. 工程力学增刊, 1995:2209-2214.
133. **龙驭球**. 分区混合能量偏导数定理及其特殊应用形式 [J]. 建筑工程高等教育研究增刊, 1995:8-13.
134. **龙驭球**, 崔京浩. 地下工程分析计算与设计施工问题 [R]. 北京中法隧道建造学术及技术装备信息交流大会，1995:1-26.

[1996]

135. **LONG Y Q**, LONG Z F, XU Y. Sub-region generalized variational principles in shallow shells and applications[J]. The Advances in Computational Mechanics, International Academic Publishers, 1996: 69-77.
136. 李聚轩，**龙驭球**. 广义协调元方法的收敛性 [J]. 工程力学，1996, 13(1): 75-80.
137. 孙建恒，**龙驭球**. 几何非线性广义协调三角形板单元 [J]. 工程力学，1996, 13(4): 9-19.
138. **龙驭球**. 广义协调元法及其应用 [J]. 固体力学在结构与采矿工程中的应用. 1996: 25-40.
139. 岑松，龙志飞，**龙驭球**，匡文起. 两个高效稳定的厚薄板广义协调矩形元 [J]. 工程力学增刊，1996:163-166.
140. 龙志飞，岑松，匡文起，**龙驭球**. 厚薄板振动分析的通用板单元 [J]. 工程力学增刊，1996:332-335.
141. 孙建恒，**龙驭球**. 用三角形广义协调元分析任意形状板的大挠度问题 [J]. 工程力学增刊，1996: 135-140.

[1997]

142. **LONG Y Q**, LONG Z F, XU Y. The generalized conforming element(GCE)-theory and applications[J]. Advances in Structural Engineering, 1997, 1(1): 63-70.

143. BAO S H, GONG Y Q, **LONG Y Q**. Vibration analysis of tall building tubular structures on elastic foundation[C]. EPMESC VI, Guangzhou: 1997: 301-306.

144. CEN S, LONG Z F, **LONG Y Q**, KUANG W Q. Two robust generalized conforming rectangular elements for thin-thick plates[C]. EPMESC VI, Guangzhou: 1997: 523-527.

145. LONG Z F, CEN S, KUANG W Q , **LONG Y Q**. Vibration analysis of thin-thick plates by the generalized conforming element method[C]. EPMESC VI, Guangzhou: 1997: 528-531.

146. **龙驭球**，李聚轩，龙志飞，岑松．四边形单元面积坐标理论[J]. 工程力学，1997, 14(3): 1-12.（此文是创立四边形面积坐标有限元的首篇论文）

147. 龙志飞，李聚轩，岑松，**龙驭球**．四边形单元面积坐标的微分和积分公式 [J]. 工程力学，1997, 14(3): 13-22.

148. 龙志飞，李聚轩，岑松，**龙驭球**．采用面积坐标的四边形板弯曲单元 [J]. 工程力学，1997, 14(4): 1-10.

149. **龙驭球**，须寅．构造几何不敏感四边形膜元的广义协调法[J]. 力学学报，1997, 29(6): 692-700.

150. **龙驭球**，龙志飞，须寅．广义协调元法的进展（第六届全国结构工程学术会议特邀报告）[J]. 工程力学增刊，1997:13-22.

151. 刘绍璋，刘刚，**龙驭球**．弹性力学方法在重力坝基础应力分析中的应用 [J]. 工程力学增刊，1997:197-201.

152. 李聚轩，**龙驭球**，龙志飞．矩形板弯曲广义协调元[J]. 工程力学增刊，1997: 240-245.

153. 李聚轩，**龙驭球**，龙志飞．基于四边形面积坐标的四边形单元[J]. 工程力学增刊，1997:240-245.

154. 崔京浩，**龙驭球**，叶宏，熊志坤．燃气爆炸——一个不容忽视的城市灾害（第六届全国结构工程学术会议特邀报告）[J]. 工程力学增刊，1997: 95-111.

155. 龙志飞，须寅，**龙驭球**．扁壳分区混合能量原理及其应用[C]// 空间结构论文集．北京：中国建筑工业出版社，1997: 9-15.

[1998]

156. XU Y, LONG Z F, **LONG Y Q**. A generalized conforming quadrilateral membrane element insensitive to geometric distortion[J]. Advances in Structural Engineering, 1998, 1(3): 185-191.

157. GONG Y Q, BAO S H, **LONG Y Q**. Soil-foundation -super-structure interactions of tall building[C]. // Proceedings of the 5th International Conference on Tall Buildings. Hong Kong: 1998.

[1999]

158. **LONG Y Q**, LI J X, LONG Z F, CEN S. Area coordinates used in quadrilateral elements[J]. Communications in

Numerical Methods in Engineering, 1999, 15(8): 533-545. (**SCI** 229WE; **EI** 1999094775414)

159. LONG Z F, LI J X, CEN S, **LONG Y Q**. Some basic formulae for area coordinates used in quadrilateral elements[J]. Communications in Numerical Methods in Engineering, 1999, 15(12): 841-852. (**SCI** 274CW; **EI** 2000025003575)

160. **LONG Y Q**, LONG Z F, CEN S. Method of area coordinate from triangular to quadrilateral element (Invited paper) [C] // Proceedings of the First International Conference on Structural Engineering(ICSE-1). Kunming: 1999: 57-66.

161. GONG Y Q, BAO S H, **LONG Y Q**. Static analysis for tall building tube-in-tube structures with variable cross-section on semi-infinite elastic subgrade[C] // Proceedings of the First International Conference on Structural Engineering(ICSE-1). Kunming: 1999:317-324.

162. XU Y, **LONG Y Q**, LONG Z F. A generalized conforming triangular flat shell element with high accuracy[C]// Proceedings of the First International Conference on Structural Engineering(ICSE-1). Kunming: 1999: 700-706.

163. SUN J H, XIA H X, **LONG Y Q**. A generalized conforming rectangular shallow shell element[C] // Proceedings of the First International Conference on Structural Engineering

(ICSE-1). Kunming: 1999: 803-810.

164. SUN J H, LONG Z F, **LONG Y Q**. A generalized conforming element with vertex rotational freedoms for thin shell analysis[C] // Proceedings of the First International Conference on Structural Engineering(ICSE-1). Kunming: 1999:811-818.

165. 岑松, **龙驭球**. 采用面积坐标的四边形厚薄板通用单元 [J]. 工程力学, 1999, 16(2): 1-13. (**EI** 2000025068362)

166. 龚耀清, 包世华, **龙驭球**. 半无限大弹性地基上变截面筒中筒高层建筑结构的自由震动 [J]. 工程力学, 1999, 16(3): 7-14. (**EI** 1999114903299)

167. 岑松, 龙志飞, **龙驭球**. 对转角场和剪应变场进行合理插值的厚薄板通用四边形单元 [J]. 工程力学, 1999, 16(4): 1-15. (**EI** 2000045121556)

168. 龚耀清, 包世华, **龙驭球**. 半解析法确定大型桥跨结构的影响 [J]. 工程力学, 1999, 16(6): 62-69. (**EI** 2000095310862)

169. 孙建恒, 夏亨熹, **龙驭球**. 广义协调三角形扁壳元 [J]. 河北农业大学学报, 1999, 22(4): 133-138.

170. 龙志飞, 岑松, **龙驭球**. 厚 / 薄板元的一些进展（第八届全国结构工程学术会议特邀报告）[J]. 工程力学增刊, 1999: 7-12.

171. 傅向荣, **龙驭球**. 减震耗能外套增层结构的受力分析 [J]. 工程力学增刊, 1999: 410-414.

172. **龙驭球**. 学习方法论 [J]. 中国大学教学, 1999,6.

[2000]

173. SOH A K, **LONG Y Q**, CEN S. Development of eight-node quadrilateral membrane elements using the area coordinates method[J]. Computational Mechanics, 2000, 25(4): 376-384. (**SCI** 312UW; **EI** 2000065213720)

174. 龚耀清，包世华，**龙驭球**．弹性地基上高层建筑结构对确定性动力作用的稳态反应 [J]. 工程力学，2000, 17(2): 1-9 (**EI** 2000065200131)

175. 须寅，**龙驭球**，龙志飞，张春生．引入泡状位移含旋转自由度的广义协调三角形膜元 [J]. 工程力学，2000, 17(3):1-9. (**EI** 2000085266045)

176. 张春生，**龙驭球**，须寅．内参型附加非协调位移基本项的推导和应用 [J]. 工程力学，2000, 17(5): 23-31. (**EI** 2000115418641)

[2001]

177. SOH A K, CEN S, **LONG Y Q**, LONG Z F. A new twelve DOF quadrilateral element for analysis of thick and thin plates[J]. European Journal of Mechanics Solids, 2001, 20(2): 299-326. (**SCI** 413PX; **EI** 01196501963)

178. **LONG Y Q**, LONG Z F, CEN S. Method of area coordinate from triangular to quadrilateral elements[J]. Advances in Structural Engineering, 2001, 4(1): 1-11. (**EI** 01206504568)

179. SUN J H, LONG Z F, **LONG Y Q**, ZHANG C S. Geometrically nonlinear stability analysis of shells using generalized conforming shallow shell element[J]. International Journal of Structural Stability and Dynamics, 2001, 1(3): 313-332.

180. CEN S, **LONG Y Q**, YAO Z H. A new hybrid-enhanced displacement-based element for the analysis of laminated composite plates[C]//BATHE K J. Computational Fluid and Solid Mechanics (Proceeding of the First M.I.T. Conference on Computational Fluid and Solid Mechanics). Cambridge, USA: Elsevier Science, 2001, 6: 95-98.

181. 岑松, **龙驭球**, 姚振汉 . 位移型板单元内力解的杂交化后处理 [J]. 工程力学 , 2001, 18 (3): 21-27. (**EI** 2001336619003)

182. 龙志飞, 陈晓明, **龙驭球** . 采用面积坐标的四边形二次膜元 [J]. 工程力学 , 2001, 18(4): 95-101.

183. 张春生, **龙驭球**, 须寅 . 三维内参型附加非协调位移基本项 [J]. 工程力学 , 2001, 18(5): 50-63. (**EI** 2002397111930)

184. 傅向荣, **龙驭球** . 分区混合元法分析平面裂纹问题 [J]. 工程力学 , 2001, 18(6):39-46. (**EI** 2002397110011)（此文首次提出解析试函数有限元法）

185. 岑松, 姚振汉, **龙驭球** . 构造厚薄板通用单元的一般方法 [C]// 北京力学学会第七届学术年会论文摘要集 . 2001: 48-49.

186. **龙驭球**, 龙志飞, 岑松 . 有限元的几个问题和进展 [J]. 工程力学增刊, 2001: 34-51.

187. 邹佑学, 匡文起, **龙驭球**. 具有旋转自由度 ψ_z 平板型厚壳单元 [J]. 工程力学增刊, 2001: 323-331.

188. 岑松, **龙驭球**, 姚振汉. 新型四边形广义协调层合板单元 [J]. 工程力学增刊, 2001: 355-363.

189. **龙驭球**. 结构分析方法论 [C]// 第一届全国现代结构工程学术会议论文集. 天津: 2001: 73-77.

190. 岑松, **龙驭球**, 姚振汉. 采用 SemiLoof 约束条件的三角形厚薄板通用单元 [M]// 胡平. 中国科协青年科学家论坛——虚拟工程与科学. 北京: 气象出版社, 2001 89-99.

191. 岑松, 姚振汉, **龙驭球**. 采用一阶剪切变形理论和 SemiLoof 约束条件的三角形复合材料层合板单元 [M]// 袁明武, 孙树立. 工程与科学中的计算力学. 北京: 北京大学出版社, 2001: 613-618.

192. 陈永亮, 岑松, 姚振汉, **龙驭球**. 广义协调平板壳元在非线性分析中的应用 [M]// 袁明武, 孙树立. 工程与科学中的计算力学. 北京: 北京大学出版社, 2001: 203-217.

[2002]

193. CEN S, **LONG Y Q**, YAO Z H. A new hybrid-enhanced displacement-based element for the analysis of laminated composite plates[J]. Computers & Structures, 2002, 80 (9-10): 819-833. (**SCI** 569DF; ISTP 569DF; **EI** 2002287016961)

194. CEN S, SOH A K, **LONG Y Q**, YAO Z H. A new 4-node quadrilateral FE model with variable electrical degrees of Freedom for the analysis of piezoelectric laminated composite plates[J]. Composite Structures, 2002, 58(4): 583-599. (**SCI**615NU; **EI** 2002507272272)

195. 岑松, **龙驭球**, 姚振汉. 基于一阶剪切变形理论的新型复合材料层合板单元 [J]. 工程力学, 2002, 19(1): 1-8. (**EI** 2002397108073)

196. 岑松, **龙驭球**, 姚振汉. 用杂交法改善应力解的新型复合材料层合板单元 [J]. 工程力学, 2002, 19(2): 7-16. (**EI** 2002407123708)

197. **龙驭球**, 傅向荣. 基于解析试函数的广义协调四边形厚板元 [J]. 工程力学, 2002, 19(3): 10-15. (**EI** 2002427144089)

198. 傅向荣, **龙驭球**. 基于解析试函数的广义协调四边形膜元 [J]. 工程力学, 2002, 19(4): 12-16. (**EI** 2002447178308)

199. 张春生, **龙驭球**, 须寅. 非协调元性能分析的两个定理 [J]. 工程力学, 2002, 19(4): 55-60. (**EI** 2002447178317)

200. 陈永亮, 岑松, 姚振汉, **龙驭球**. 广义协调元在薄板弹性皱曲分析中的应用 [J]. 工程力学, 2002, 19(5): 7-11. (**EI** 2002517284446)

201. 罗建辉, 刘光栋, **龙驭球**. 一种建立分区变分原理的新方法 [J]. 工程力学, 2002, 19(5): 29-35.

202. 文学章, **龙驭球**, 何放龙. 带旋转自由度的广义协调三角形

膜元 [J]. 工程力学 , 2002, 19(6): 11-15. (**EI** 2003107391419)

203. 邹佑学 , 匡文起 , **龙驭球** . 无拉力 Winkler 地基上板弯曲问题求解的广义协调元法 [J]. 清华大学学报（自然科学版）, 2002, 42(8): 1132-1138. (**EI** 2002487244463)

204. 岑松 , **龙驭球** , 姚振汉 , 龙志飞 . 四边形单元面积坐标法及其应用 [M]// 杜庆华 . 力学与工程应用 (第 9 卷). 北京 : 中国林业出版社 ,2002: 186-189.

205. **龙驭球** , 傅向荣 . 基于解析试函数的广义协调元 [J]. 工程力学增刊 ,2002:28-39.（此文是系统介绍解析试函数有限元法的大会特邀报告）

206. 傅向荣 , **龙驭球** . 分区加速 Müller 法计算 V 型切口特征根 [J]. 工程力学增刊 ,2002:226-232.

207. 陈晓明 , **龙驭球** . 采用四边形面积坐标的含转角自由度膜元 [J]. 工程力学增刊 ,2002:214-217.

208. 崔京浩 , **龙驭球** , 王作垣 . 地下水衬油气库——西气东送的最佳贮库 [J]. 力学与实践增刊 , 2002:51-65.

[2003]

209. CHEN Y L, CEN S, YAO Z H, **LONG Y Q**, LONG Z F. Development of triangular flat-shell element using a new thin-thick plate bending element based on SemiLoof constrains[J]. Structural Engineering and Mechanics, 2003, 15(1): 83-114. (**SCI** 635UA; **EI** 2003057346123)

210. 傅向荣，**龙驭球**. 解析试函数法分析平面切口问题 [J]. 工程力学，2003, 20(4): 33-38. (**EI** 2003507781560)

211. 陈晓明，**龙驭球**，须寅. 面积坐标法构造含转角自由度的四结点膜元 [J]. 工程力学，2003, 20(6): 6-11. (**EI** 2004158112515)

212. 陈永亮，岑松，姚振汉，**龙驭球**. 厚薄通用三角形三结点平板壳元 TSLT18[J]. 清华大学学报（自然科学版），2003, 43(8): 1069-1073. (**EI**03517788850)

213. **龙驭球**，陈晓明. 两个抗畸变的四边形膜元 [J]. 清华大学学报（自然科学版），2003, 43(10): 1380-1385. (**EI** 2004108053079)

214. 邹佑学，匡文起，**龙驭球**. 无拉力 Winkler 地基上板弯曲问题求解的广义协调元法 (I)[M]// 陈志鹏，江见鲸. 结构工程与振动研究报告集（第 6 期）. 北京：清华大学出版社，2003:11-19.

215. 邹佑学，匡文起，**龙驭球**. 无拉力 Winkler 地基上板弯曲问题求解的广义协调元法 (II) [M]// 陈志鹏，江见鲸. 结构工程与振动研究报告集（第 6 期）. 北京：清华大学出版社，2003:20-27.

216. **龙驭球**，邹佑学，匡文起. 有间隙多层壳体接触分析的广义协调元法 [M]// 黄克智，徐秉业. 固体力学及其工程应用(张维教授 90 诞辰纪念文集）. 北京：清华大学出版社，2003: 215-227.

217. **龙驭球**, 龙志飞, 岑松. 有限元新方法新对策述评 [M]// 黄克智, 徐秉业. 固体力学及其工程应用（张维教授 90 诞辰纪念文集）. 北京: 清华大学出版社, 2003:228-247.

218. 陈晓明, **龙驭球**. 采用四边形面积坐标的八节点平面单元 [J]. 工程力学增刊, 2003: 161-164.

219. 陈永亮, 岑松, 姚振汉, **龙驭球**. 新型广义协调平板壳元厚薄通用性验证及非线性分析 [J]. 工程力学增刊, 2003:165-168.

220. 岑松, 陈晓明, **龙驭球**, 姚振汉. 采用四边形面积坐标方法的对网格畸变不敏感膜元 [J]. 工程与科学中的计算力学, 2003,10: 145-151.

[2004]

221. CHEN X M, CEN S, **LONG Y Q**, YAO Z H. Membrane elements insensitive to distortion using the quadrilateral area coordinate method[J]. Computers & Structures, 2004, 82(1): 35-54. (**SCI**763XZ; **EI**03507773330)

222. **LONG Y Q**, CEN S, LONG Z F. Generalized conforming element (GCE) and quadrilateral area coordinate method (QACM) [C]// YAO Z H, YUAN M W, ZHONG W X, eds. Proceedings of the Sixth World Congress on Computational Mechanics in Conjunction with the Second Asian-Pacific Congress on Computational Mechanics. Beijing: Tsinghua

University Press & Springer, 2004: 462-467. (ISTP BCU88)

223. FU X R, **LONG Y Q**, YUAN M W, CEN S, CHEN X M. Generalized conforming quadrilateral membrane elements based on analytical trial functions[C]// YAO Z H, YUAN M W, ZHONG W X, eds. Proceedings of the Sixth World Congress on Computational Mechanics in Conjunction with the Second Asian-Pacific Congress on Computational Mechanics. Beijing: Tsinghua University Press & Springer, 2004: 24.

224. 罗建辉, 岑松, 龙志飞, **龙驭球**. 厚板哈密顿求解体系及其变分原理与正交关系 [J]. 工程力学, 2004, 21(2): 34-39. (**EI** 2004308282847)

225. 岑松, 龙志飞, 罗建辉, **龙驭球**. 薄板哈密顿求解体系及其变分原理 [J]. 工程力学, 2004, 21(3): 1-5, 30. (**EI** 2004408391171)

226. 龙志飞, 岑松, **龙驭球**, 罗建辉. 薄板哈密顿含参变分原理 [J]. 工程力学, 2004, 21(4): 1-5. (**EI** 2004468453243)

227. 陈晓明, 岑松, 龙志飞, **龙驭球**. 将三角形薄板元推广为厚板元的解析式函数法 [J]. 清华大学学报(自然科学版), 2004, 44(3): 376-378, 386. (**EI** 2004258227734)

228. 罗建辉, **龙驭球**, 刘光栋. 薄板理论的正交关系及其变分原理 [J]. 力学学报, 2004, 36(5): 527-532.

[2005]

229. LUO J H, **LONG Y Q**, LIU G D. A new orthogonality relationship for orthotropic thin plate theory and its variational principle[J]. Science in China Ser. G-Physics, Mechanics & Astronomy, 2005, 48(3): 371-380. (**SCI** 946EE)

230. 罗建辉，**龙驭球**，刘光栋．正交各向异性薄板理论的新正交关系及其变分原理 [J]. 中国科学 G 辑——物理学、力学、天文学，2005, 35(1): 79-86.

231. 傅向荣，**龙驭球**，袁明武．基于解析试函数的广义协调超基膜元 [J]. 工程力学，2005, 22(3): 1-4. (**EI** 2005289208335)

232. 陈晓明，岑松，**龙驭球**．采用面积坐标和基于假设转角的薄板元 [J]. 工程力学，2005, 22(4):1-5, 30. (**EI** 2005419405324)

233. **龙驭球**，陈晓明，岑松．一个不闭锁和抗畸变的四边形厚板元 [J]. 计算力学学报，2005, 22(4): 385-391. (**EI** 2005419405557)

234. 邹佑学，匡文起，**龙驭球**．有间隙多层板接触分析的广义协调元法 [J]. 工程力学，2005, 22(5): 14-19. (**EI** 2005499527899)

235. 傅向荣，**龙驭球**，袁明武，岑松，蒋秀根，剧锦三．空间索单元研究 [J]. 工程力学增刊，2005:237-242.

236. 傅向荣，**龙驭球**，袁明武．悬索结构非线性有限元分析中的

人工弹簧法 [C]// 中国力学学会学术大会 2005 论文摘要集 . 北京 : 中国力学学会 , 2005:1075.

[2006]

237. CEN S, **LONG Y Q**, YAO Z H, CHIEW S P. Application of the quadrilateral area coordinate method: a new element for Mindlin-Reissner plate[J]. International Journal for Numerical Methods in Engineering, 2006, 66(1): 1-45. (**SCI**030GX; **EI**2006149803276)

238. CEN S, SONG D P, CHEN X M, **LONG Y Q**. Computational strategies for curved-side elements formulated by quadrilateral area coordinates (QAC) [C]// YAO Z H, YUAN M W, CHEN Y Q. Computational Methods in Engineering & Science (Proceedings of the EPMESC X). Beijing: Tsinghua University Press & Springer, 2006: 250(CD Rom 705-713).

239. 傅向荣 , **龙驭球** , 袁明武 , 岑松 . 基于解析试函数的内参型广义协调膜元 [J]. 工程力学 , 2006, 23(1):1-5. (**EI** 2006149802747)

240. 张涵 , **龙驭球** , 须寅 . 广义协调六结点平面曲边单元研究 [J]. 工程力学 , 2006, 23(4):1-5. (**EI** 2006259949176)

[2007]

241. CEN S, FU X R, **LONG Y Q**, LI H G, YAO Z H. Application of the quadrilateral area coordinate method: a new element

for laminated composite plate bending problems[J]. Acta Mechanica Sinica, 2007, 23(5): 561-575. (**SCI** 215JM; **EI** 20080411049111)

242. JU W, **LONG Y Q**, FU X R, CEN S . A hybrid membrane element based on the Hamilton variational principle [C]// YAO Z H, YUAN M W. Computational Mechanics (Proceedings of the ISCM 2007). Beijing: Tsinghua University Press & Springer, 2007:386(CD Rom 1079-1085).

243. CEN S, CHEN X M, FU X R, **LONG Y Q**. Some recent advances on the quadrilateral area coordinate method [C]// YAO Z H, YUAN M W. Computational Mechanics (Proceedings of the ISCM 2007). Beijing: Tsinghua University Press & Springer.2007. 380. CD Rom 1037-1045.

244. LI H G, CEN S, **LONG Y Q**, CEN Z Z. Method of volume coordinates from tetrahedral to hexahedral elements[C]// YAO Z H, YUAN M W. Computational Mechanics (Proceedings of the ISCM 2007). Beijing: Tsinghua University Press & Springer, 2007: 381(CD Rom 1046-1054).

245. 陈晓明，岑松，**龙驭球**，傅向荣. 含两个分量的四边形单元面积坐标理论 [J]. 工程力学，2007, 24(SI): 32-35. (**EI** 20072910702500)

[2008]

246. CHEN X M, CEN S, FU X R, **LONG Y Q**. A new quadrilateral area coordinate method (QACM-II) for developing quadrilateral finite element models[J]. International Journal for Numerical Methods in Engineering, 2008, 73(13): 1911-1941. (**SCI** 285YO; **EI** 20081411186062)

247. FU X R, CEN S, **LONG Y Q**, JIANG X G, JU J S. The analytical trial function method (ATFM) for finite element analysis of plane crack/notch problems[J]. Key Engineering Materials, 2008: 385-387, 617-620. (**EI** 20084311659656; ISTP BIR18)

248. 鞠伟，岑松，**龙驭球**．基于哈密顿解法的矩形厚板分析 [J]. 工程力学，2008, 25(1): 1-7, 33. (**EI** 20081011136073)

249. 鞠伟，岑松，傅向荣，**龙驭球**．基于哈密顿解法的厚板边界效应典型算例分析 [J]. 工程力学，2008, 25(2): 1-8. (**EI** 20081211161975)

250. 李宏光，岑松，**龙驭球**，岑章志．六面体单元体积坐标方法 [J]. 工程力学，2008, 25(10): 12-18. (**EI** 20084611708138)

251. **龙驭球**．学习中的加减间用与创新 [J]. 中学生数理化 (八年级物理)(人教版), 2008, 11, 卷首语．

[2009]

252. **龙驭球**，龙志飞，王丽．四边形单元第三类面积坐标系统 [J].

工程力学, 2009, 26(2): 1-4,15. (**EI** 20091211965913)

253. 王丽, 龙志飞, **龙驭球**. 用第三类四边形面积坐标构造一个四结点四边形膜元 [J]. 工程力学, 2009, 26(8): 1-5. (**EI** 20093712302331)

[2010]

254. LONG Z F, CEN S, WANG L, FU X R, **LONG Y Q**. The third form of the quadrilateral area coordinate method (QACM-III): theory, application and scheme of composite coordinate interpolation[J]. Finite Elements in Analysis and Design, 2010, 46(10):805-818. (**SCI** 631TY /**EI** 20103313153219)

255. CEN S, ZHANG T, LI C F , FU X R, **LONG Y Q**. A hybrid-stress element based on Hamilton principle[J]. Acta Mechanica Sinica, 2010, 26(4): 625-634. (**SCI** 631TW / **EI** 20103813242098)

256. CEN S, LONG Z F, WANG L, **LONG Y Q**. Introduction to the third form of the quadrilateral area coordinate method (QACM-III) [C]//LU J W Z, LEUNG A Y T, IU V P, MOK K M. Proceedings of the 2nd International Symposium on Computational Mechanics and the 12th International Conference on the Enhancement and Promotion of Computational Methods in Engineering and Science. AIP (American Institute of

Physics) Conference Proceedings, 2010, 1233(PART 1): 1345-1350. (ISTP BRL16)

257. 王丽，龙志飞，**龙驭球**. 混合应用三类四边形面积坐标构造八结点四边形膜元 [J]. 工程力学，2010, 27(2): 1-6. (**EI** 20101512840866)

258. 王丽，**龙驭球**，龙志飞. 采用面积坐标方法和形函数谱方法构造四边形薄板元 [J]. 工程力学，2010, 27(8): 1-4, 9. (**EI** 20103613222259)

[2011]

259. **龙驭球**. 士林嘉木，厚德深情 [J]. 力学与实践，2011, 33: 100.

[2012]

260. **龙驭球**. 结构矩阵分析中的"平衡 - 几何"互伴定理 [J]. 工程力学，2012, 29(5): 1-7. (**EI** 20122615178816)

[2019]

261. **龙驭球**. 结构力学方法论的哲思回望 [J]. 工程力学，2019, 36(4): 1-7.

附录4　龙驭球获奖目录(24项奖励)

一、国家级科技奖与教学奖（6项）

（一）3项国家级科技奖

1. 结构力学(上、下)(第2版)1994—1996年出版——(1999)国家科技进步奖，二等奖。
2. 第三届中国工程科技奖——（2000）两院院士大会上授奖。
3. “广义协调与新型自然坐标法主导的高性能有限元及结构分析系统研究”——（2013）国家自然科学奖，二等奖。

（二）3项国家级教学奖

4. 结构力学课程新体系的建设与实践——（2001）国家级教学成果奖，一等奖。
5. 清华大学“结构力学”课程——（2003）国家精品课程。
6. 清华大学“结构力学”教学团队—(2005)国家级教学团队。

二、全国优秀教材奖（5项）

7. 结构力学（上、下）1979—1981年出版——（1988）国家教委全国高校优秀教材奖。
8. 结构力学教程（上、下）1988年出版——（1992）国家教委教材全国优秀奖。
9. 结构力学(上、下)(第2版)1994—1996年出版——(1998)

教育部科技教材奖，一等奖。

10. 结构力学教程（I、II）2000—2001 年出版——（2002）全国高校优秀教材奖，一等奖。

11. 结构力学（I、II）2006 年出版——（2007）普通高等教育精品教材。

三、教育部、北京市科技奖与教学奖（10 项）

12. 分区广义变分原理和分区混合有限元法——（1983）北京市学术成果奖。

13. 分区广义变分原理和分区混合有限元、样条有限元——（1987）国家教委科技进步奖，二等奖。

14. 广义协调元及含多个任意参数的广义变分原理——（1988）北京市学术成果奖。

15. 工科结构力学试题库建设——（1993）国家教委教学成果国家级二等奖。

16. 广义能量原理与新型有限元研究——（1993）国家教委科技进步奖，一等奖。

17. 光华科技基金奖——（1993）光华科技基金委，一等奖。

18. 结构分析的新型离散法与半解析法研究——（1995）国家教委科技进步奖，三等奖。

19. 结构力学课程新体系——（2001）北京市教学成果奖，一等奖。

20. 广义协调理论与四边形面积坐标有限元研究——（2003）教育部提名国家自然科学奖，一等奖。

21. 清华大学结构力学教学团队——（2005）北京市优秀教学团队。

四、其他奖励（3 项）

22. 政府特殊津贴证书——（1991）国务院授予。

23. 清华大学优秀共产党员称号——（2001）清华大学党委授予。

24. 全国百篇优秀博士论文指导教师奖杯——（2002）国务院学位委员会授予。

参考文献

[1] 袁驷，崔京浩 . 有限元法与板壳分析（谨以此书献给龙驭球先生八十华诞）[M]. 北京 : 清华大学出版社，2006.

[2] 谭毅挺，陈孔国 .“春风吹香兮 祖国以光”——记中国工程院院士龙驭球 [M]// 湖南省科学技术协会 . 三湘院士风采录（第三卷）. 长沙 : 湖南科学技术出版社，2002:110-119.

[3] 崔京浩，袁驷，辛克贵，等 . 厚重勤奋是吾师——贺龙驭球教授当选为中国工程院院士 [J]. 工程力学，1995, 12（3）: 139-144.

[4] 胡显章，吴剑平 . 清华名师谈治学育人 [M].2 版 . 北京 : 清华大学出版社，2009. (书中含文章两篇 :（1）170-176 页，学习方法与境界，龙驭球;（2）426-428，闪耀在我心中的双星座，龙驭球)

[5] 清华大学校史研究室 . 清华大学九十年 [M]. 北京 : 清华大学出版社，2001.

[6] 湖南省安化县地方志编纂委员会 . 安化县志 1986—2000[M]. 北京 : 方志出版社，2005.